clave

Deepak Chopra (India, 1947) es médico, pionero de la medicina alternativa y autor. Ha escrito más de 70 libros traducidos a 43 lenguas, varios de los cuales han estado en la lista de los más vendidos del New York Times. Se especializó en medicina interna y endocrinología, y en la actualidad es miembro de la Academia Estadounidense de Médicos y de la Asociación Estadounidense de Endocrinólogos Clínicos, además de desempeñarse como investigador científico en la organización Gallup. Su labor y libros han ayudado a millones de personas a comprenderse mejor y a vivir una vida más plena. Fundó, en 2009, el Centro Chopra, organización dedicada a mejorar la salud y el bienestar, cultivar la sabiduría espiritual, expandir la conciencia y promover la paz mundial. Es el divulgador de la filosofía oriental más destacado en el mundo occidental.

DEEPAK CHOPRA

Sincrodestino

Traducción Gerardo Hernández Clark

DEBOLS!LLO

Sincrodestino

Título original: *The spontaneus Fulfillment of Desire:*
Harnessing The Infinite Power of Coincidence

Esta edición ha sido publicada de acuerdo con Harmony Books,
un sello de Random House, Inc.

Primera edición en Debolsillo: septiembre, 2015
Primera reimpresión: noviembre, 2015
Segunda reimpresión: abril, 2016
Tercera reimpresión: agosto, 2016
Cuarta reimpresión: enero, 2017
Quinta reimpresión: diciembre, 2016
Sexta reimpresión: marzo, 2018
Séptima reimpresión: octubre, 2018

D. R. © 2003, Deepak Chopra

D. R. © 2018, derechos de edición mundiales en lengua castellana:
Penguin Random House Grupo Editorial, S. A. de C. V.
Blvd. Miguel de Cervantes Saavedra núm. 301, 1er piso,
colonia Granada, delegación Miguel Hidalgo, C. P. 11520,
Ciudad de México

www.megustaleer.mx

Gerardo Hernández Clark, por la traducción

ISBN: 978-607-313-615-0

Impreso en México – *Printed in Mexico*

El papel utilizado para la impresión de este libro ha sido fabricado a partir de madera procedente
de bosques y plantaciones gestionadas con los más altos estándares ambientales, garantizando
una explotación de los recursos sostenible con el medio ambiente y beneficiosa para las personas.

Penguin
Random House
Grupo Editorial

Índice

Introducción

Los milagros ocurren todos los días, no sólo en pueblos remotos o en lugares sagrados al otro lado del mundo, sino aquí mismo, en nuestras vidas. Brotan desde su fuente oculta, nos rodean de oportunidades y desaparecen. Son las estrellas fugaces de la vida cotidiana. Estas estrellas son tan poco frecuentes que nos parecen mágicas, pero la verdad es que surcan el cielo de manera constante. Sólo que no las notamos durante el día porque estamos deslumbrados por la luz del sol, y en la noche únicamente son visibles si volteamos hacia el lugar correcto, en un cielo oscuro y despejado.

Aunque los consideramos extraordinarios, los milagros también surcan nuestra conciencia todos los días. Podemos optar por percibirlos o ignorarlos, sin reparar en que nuestro destino puede pender de un hilo. Sintoniza con la presencia de los milagros y al instante la vida se transformará en una experiencia deslumbrante, más maravillosa y emocionante de lo que jamás imaginaste; ignórala, y una oportunidad se habrá ido para siempre. La pregunta es: ¿reconocerías un milagro si lo vieras? Si lo reconocieras, ¿qué harías? Y si de alguna forma pudieras orquestar tus propios milagros, ¿cuáles elegirías?

Más allá de tu ser físico, más allá de tus pensamientos y emociones, en tu interior hay un reino que es potencial puro; desde este lugar, cualquier cosa y todas las cosas son posibles. Incluso los milagros, en especial los milagros. Esta parte de ti, se entreteje con todo lo que existe y existirá. He dedicado mi vida a explorar y enseñar formas para aprovechar este campo infinito de posibilidades, con el fin de redirigir y mejorar nuestras vidas en los aspectos material, emocional, físico y espiritual. En libros anteriores, me he concentrado en consecuencias específicas, por ejemplo: he escrito exhaustivamente sobre cómo obtener una salud perfecta, cómo encontrar el camino hacia el amor y cómo conocer a Dios. Este libro fue escrito con un objetivo más amplio: mostrarte una manera de ver la profunda verdad que yace detrás de la ilusión de la vida cotidiana, para que descubras tu verdadero destino y cómo forjarlo. Éste es el camino hacia la realización y, en última instancia, hacia la iluminación.

Durante más de una década he estado fascinado por la idea de que las coincidencias dirigen y dan forma a nuestras vidas. Todos hemos experimentado sucesos que pueden considerarse increíbles o asombrosos. Estamos ordenando un armario y encontramos un regalo de una persona con la que no hemos hablado en años; una hora después, sin motivo aparente, esa persona nos llama por teléfono. Leemos en el periódico un artículo sobre un tratamiento experimental para el cáncer de piel y, por alguna razón desconocida, decidimos guardar ese diario. Un mes más tarde, un familiar nos llama para decirnos que acaban de diagnosticarle cáncer en la piel y la información del artículo que guardamos influye en sus decisiones y termina por salvarle la vida. Nuestro auto se descompone en una carretera desierta y el primer vehículo que pasa, justo cuando nos resignamos a pasar varias horas varados, es una grúa.

¿Es posible considerar estos momentos como meras coincidencias? Por supuesto que sí, pero en un análisis más detallado también podemos decir que son atisbos de lo milagroso. Cada vez que tenemos estas experiencias, podemos considerarlas sucesos azarosos en un mundo caótico y desecharlas, o podemos reconocerlas como acontecimientos potencialmente cruciales. No creo en las coincidencias sin sentido; creo que cada coincidencia es un mensaje, una pista sobre un aspecto particular de nuestras vidas que requiere atención.

¿Has escuchado alguna vez esa voz tranquila y sosegada en tu interior? ¿Alguna vez has tenido un sentimiento visceral respecto de algo o alguien? Esa voz y ese sentimiento visceral son formas de comunicación a las que debemos hacer caso. Las coincidencias también son mensajes de ese tipo. Si prestas atención a las coincidencias de la vida, podrás aprender a escuchar sus mensajes claramente; si comprendes las fuerzas que moldean las coincidencias, puedes llegar a influir en éstas y crear un conjunto propio de coincidencias significativas, aprovechar las oportunidades que te ofrezcan y experimentar la vida como un milagro en constante desarrollo que inspira admiración en todo momento.

Casi todos vamos por la vida con un poco de temor, de preocupación y nerviosismo. Somos como niños que juegan al escondite: queremos que nos hallen pero esperamos que no lo hagan, y nos comemos las uñas de los nervios. Nos preocupamos cuando las oportunidades se acercan demasiado y nos ocultamos en las sombras cuando el temor nos desborda. Ésta no es la manera adecuada de vivir. Las personas que comprenden la verdadera naturaleza de la realidad, aquéllas a las que algunas tradiciones llaman iluminadas, pierden todo temor o aflicción. Las preocupaciones desaparecen. Una vez que comprendemos cómo funciona la vida —el flujo de energía, información e inteligencia que dirige cada momento— empezamos a percatarnos del increíble potencial de ese momento. Las cosas mundanas simplemente dejan de molestarnos. Nos volvemos alegres y nos sentimos llenos de dicha. Además, encontramos más coincidencias en nuestra vida.

Cuando vivimos valorando las coincidencias y sus significados, nos conectamos con el campo subyacente de posibilidades infinitas. Aquí empieza la magia. Éste es un estado que llamo sincrodestino, en el que es posible alcanzar el cumplimiento espontáneo de todos nuestros deseos. El sincrodestino requiere que ingresemos en la profundidad de nuestro interior y, al mismo tiempo, que tomemos conciencia de la intrincada danza de coincidencias que hay afuera, en el mundo físico. Requiere comprender la naturaleza profunda de las cosas, reconocer la fuente de la inteligencia que crea, sin cesar, nuestro Universo y mantener la intención de aprovechar las oportunidades específicas de cambio conforme se presenten.

Antes de explorar este tema, hagamos un pequeño experimento. Cierra los ojos y piensa en lo que hiciste durante las últimas 24 horas. Vuelve con tu memoria desde donde estás en este momento, a donde estabas hace exactamente un día. Recuerda con el mayor detalle posible lo que hiciste, los pensamientos que pasaron por tu cabeza y los sentimientos que afectaron tu corazón.

Ahora elige un asunto o tema de las pasadas 24 horas y concéntrate en él. No tiene que ser algo especialmente importante o espectacular; sólo algo que recuerdes haber enfrentado durante el día. Si fuiste al banco, puedes elegir el dinero o la situación económica; si tuviste una cita con el doctor, puedes elegir la salud; si jugaste golf o tenis, puedes concentrarte en los deportes. Piensa en este tema durante unos segundos.

Ahora vuelve cinco años atrás. Concéntrate en la fecha de hoy y retrocede año por año hasta que llegues a la misma fecha cinco años atrás. Observa si puedes recordar más o menos dónde estabas y qué estabas haciendo en esa época. Intenta imaginar tu vida en ese momento, lo más claramente posible.

Una vez que hayas creado una imagen mental nítida de tu vida, tal como era hace cinco años, introduce el tema o asunto de las pasadas 24 horas en el que hayas elegido concentrarte: situación económica, salud, religión o lo que haya sido. Intenta recordar la mayor cantidad de sucesos relacionados con esa área de tu vida. Por ejemplo, si el tema que elegiste es la salud, podrías recordar las enfermedades que has padecido, cómo éstas te llevaron de un médico a otro, cómo decidiste dejar de fumar y cuánto pudo haber afectado esto a otras áreas de tu vida, o la dieta que escogiste. Realiza este ejercicio ahora mismo.

Mientras pensabas en el tema de tu elección, en cómo se desarrolló y afectó tu vida actual, estoy seguro de que descubriste muchas coincidencias. La vida depende en gran medida de los encuentros fortuitos, los giros del destino o los caminos que súbitamente doblan en una nueva dirección. Es probable que ese tema se haya conectado pronto con otras áreas de tu vida, pese a que al principio parecía totalmente insignificante. Al rastrear tu historia personal de este modo, puedes llegar a comprender el papel que las coincidencias han desempeñado en tu vida. Puedes ver que si un pequeño detalle hubiera sido diferente, la historia sería otra, con otras personas, en otro empleo o con una trayectoria de vida totalmente distinta.

No obstante que concibas a tu vida como completamente planeada, hay sucesos que moldean tu destino de una manera que, quizá, nunca imaginaste. Las coincidencias y otros pequeños milagros que ocurren de manera cotidiana, son pistas de que el Universo te reserva planes mucho más grandes de lo que jamás soñaste. Mi vida, que para los demás parece tan bien planeada, es una sorpresa continua. Asimismo, mi pasado está lleno de notables coincidencias que me convirtieron en quien soy ahora.

Mi padre sirvió en el ejército hindú como médico personal de Lord Mountbatten, último gobernador general del Imperio Británico en India. Mientras cumplía con sus obligaciones, mi padre convivió estrechamente con Lady Mountbatten, con quien entabló amistad. Ella lo exhortó a solicitar una beca para convertirse en miembro del Colegio Real de Médicos, motivo por el cual mi padre partió a Inglaterra cuando yo tenía unos seis años de edad. Poco después, mi madre también dejó la India para reunirse temporalmente con mi padre, y mi hermano menor y yo quedamos al cuidado de nuestros abuelos.

Un día, mi padre envió un telegrama desde Inglaterra en el que anunciaba que finalmente había aprobado todos sus exámenes. Fue un día memorable para todos. Mi abuelo, orgulloso del éxito de su hijo, nos llevó a celebrarlo. ¡No habíamos experimentado un día tan emocionante, como ése, en nuestras jóvenes vidas! Nos llevó al cine, a una feria ambulante y a un restaurante familiar. Nos compró dulces y juguetes. El día entero fue una gloriosa vorágine de felicidad. No obstante, por la noche mi hermano y yo despertamos por el sonido de unos gemidos. Aunque no lo supimos inmediatamente, mi abuelo había muerto, y el sonido que nos había despertado era el angustioso llanto de las mujeres dolientes. El cuerpo de mi abuelo fue incinerado y sus cenizas se esparcieron en el Ganges.

Esto nos afectó profundamente a mi hermano y a mí. Yo permanecía despierto por las noches, preguntándome en dónde estaba mi abuelo, y si su alma había sobrevivido de alguna forma después de su muerte. Mi hermano tuvo una reacción distinta: su piel empezó a despellejarse, como si tuviera quemaduras graves de sol. No había una explicación física para esto y consultamos a varios doctores. Un acertado médico reconoció que los recientes acontecimientos traumáticos podían haber dejado a mi hermano desprotegido y en un estado de vulnerabilidad, y que aquel síntoma era una manifestación externa evidente. También predijo que la exfoliación desaparecería cuando nuestros padres volvieran a la India, y así fue.

Cuando reflexiono en estos acontecimientos tempranos, me doy cuenta de que fueron la semilla del trabajo de toda mi vida: investigaciones sobre la naturaleza del alma y estudios de la conexión mente-cuerpo en el campo de la salud. La elección de mi profesión dependió de una larga serie de coincidencias cuyos orígenes encuentro en cualquier dirección a la que mire, en este caso, en la amistad de mi padre con Lady Mountbatten.

Hubo otros acontecimientos aparentemente fortuitos que influyeron todavía más en mi vida. Cuando estaba en la escuela, mi mejor amigo era un compañero que se llamaba Oppo. Él era muy hábil con las palabras. Cuando en la clase de inglés teníamos que elaborar un reporte escrito, él siempre obtenía las mejores calificaciones. También era muy divertido. Quería imitarlo en todo lo que él hacía. Cuando Oppo decidió que quería ser escritor, tomé la misma resolución.

Sin embargo, el sueño de mi padre era que fuera médico. Cuando nos sentamos a platicarlo, le dije: «No, no quiero ser doctor; la medicina no me interesa en absoluto. Quiero ser un gran autor. Quiero escribir libros». No mucho después, en mi cumpleaños número catorce, mi padre me regaló algunos libros maravillosos, entre ellos: *Of Human Bondage* de W. Somerset Maugham, *Arrowsmith* de Sinclair Lewis y *Magnificent Obsession* de Lloyd C. Douglas. Aunque no lo mencionó en el momento, todos estos libros son sobre médicos y me dejaron una impresión tan profunda que despertaron mi deseo de convertirme en uno.

El estudio de la medicina me pareció una manera ideal de iniciar la exploración de la espiritualidad. Pensé que si desentrañaba los misterios del cuerpo humano, tal vez algún día llegaría al alma. Si no hubiera conocido a Oppo, quizá nunca hubiera desarrollado mi amor por la literatura y la escritura. Si mi padre hubiera actuado diferente y se hubiera opuesto a mi decisión de ser escritor en vez de alentarme con libros sobre médicos, tal vez me hubiera convertido en periodista. Pero estos sucesos aparentemente inconexos y esta red de relaciones —de Lady Mountbatten a mi padre, a mi abuelo y a mi hermano, y con Oppo— estaban sincronizadas entre sí. Es como si una conspiración de coincidencias hubiera forjado mi historia personal y me hubiera orientado a la vida que tanto disfruto hoy.

Todos estamos inmersos en una red de coincidencias que nos inspira y nos ayuda a dar rumbo a nuestras vidas. En este preciso instante, mi vida me ha guiado a escribir este libro, a estar en comunión contigo a través de las palabras, de esta página. El simple hecho de que estés leyendo estas palabras, que hayas encontrado este libro, que hayas decidido abrirlo y que inviertas tiempo y energía en investigar qué es el sincrodestino, es una de esas coincidencias potencialmente cruciales de la vida. ¿Qué circunstancias te trajeron a este libro? ¿Cómo lo elegiste entre otros miles? ¿Qué cambios te gustaría hacer en tu vida, ahora que has leído los primeros párrafos?

Sin embargo, identificar la red de coincidencias de nuestras vidas es sólo el primer peldaño para comprender y vivir el sincrodestino. El siguiente paso consiste en tomar conciencia de las coincidencias mientras ocurren. Es fácil verlas en retrospectiva, pero si las descubres en el momento en el que suceden, estarás en una mejor posición para aprovechar las oportunidades. Además, la conciencia se traduce en energía. Mientras más atención prestes a las coincidencias, es más probable que aparezcan, lo que significa que cada vez tendrás un mayor acceso a los mensajes que se te envían sobre el rumbo que debe tomar tu vida.

La fase final del sincrodestino tiene lugar cuando tomas plena conciencia de la interrelación de todas las cosas, de cómo cada una influye en la otra, de cómo están sincronizadas entre sí. Estar en sincronía significa operar al unísono, como unidad. Imagina un banco de peces que nada en una dirección; luego, en un parpadeo, todos cambian de dirección. No hay un líder que dé instrucciones. Los peces no piensan: el pez que está frente a mí viró a la izquierda; por lo tanto, debo virar a la izquierda. Todo ocurre simultáneamente. Esta sincronía responde a una gran inteligencia omnipresente que reside en el corazón de la naturaleza y que se manifiesta en cada uno a través de lo que llamamos alma.

Cuando aprendemos a vivir desde el alma, ocurren varias cosas. Tomamos conciencia de los exquisitos patrones y ritmos sincrónicos que gobiernan la vida. Comprendemos los infinitos recuerdos y experiencias que nos han convertido en quienes somos ahora. El temor y la ansiedad desaparecen cuando observamos el mundo conforme se desarrolla. Identificamos la red de coincidencias que nos rodea y nos damos cuenta de que hasta los sucesos más pequeños tienen un significado. Descubrimos que al prestar atención e intención a estas coincidencias, podemos conseguir resultados específicos. Establecemos contacto con todos y con todo lo que existe en el Universo y reconocemos el espíritu que nos une a ellos. Revelamos la maravilla oculta en nuestro interior y nos deleitamos en nuestra gloria recién descubierta. Conscientes, convertimos nuestra vida en la expresión infinitamente creativa para la que fue creada, y con ello vivimos nuestros sueños más profundos y nos acercamos a la iluminación.

Éste es el milagro del sincrodestino.

Las páginas siguientes están divididas en dos secciones. La primera explora la dinámica de las coincidencias, la sincronicidad y el sincrodestino, y responde a la pregunta ¿cómo funciona? La segunda cubre los siete principios del sincrodestino, junto con una planeación diaria para que utilices lo que has aprendido. Este apartado responde a la pregunta ¿qué significa para mí?

A quienes les gusta alcanzar objetivos o han leído mis libros anteriores, pueden sentirse tentados a pasar directamente a las lecciones, pero hay matices, información adicional y comentarios específicos que es conveniente entender antes de seguir adelante. De hecho, hay que considerar que el concepto de sincrodestino ha evolucionado durante los últimos diez años y sigue haciéndolo. Tal vez hayas asistido a cursos o escuchado audiocasetes sobre el tema, pero considera este libro como sincrodestino I, una introducción, y sincrodestino II, una comprensión más avanzada y clara sobre este fenómeno, como teoría y experiencia.

A quienes no conozcan mis obras anteriores, los exhorto a que no pierdan el impulso. He intentado que éste sea el libro más accesible y espero haberlo logrado. Sin embargo, a veces lidiamos con algunas preguntas profundas, y tal vez sientas de pronto que nunca comprenderás. Procura no quedarte atascado en un párrafo o una página. Cada capítulo se basa en el anterior y los capítulos siguientes aclaran los puntos que pudieron ser complejos al primer contacto. Los objetivos son dos: comprender cómo funciona el sincrodestino y aprender técnicas específicas para aprovechar su poder en la vida cotidiana.

Este libro no cambiará tu vida de la noche a la mañana, pero si estás dispuesto a dedicarle unos minutos cada día, comprobarás que los milagros no sólo son posibles, sino abundantes. Los milagros pueden ocurrir todos los días, en cada hora y en cada minuto de tu vida. En este momento, las semillas de un destino perfecto están latentes en tu interior. Libera su potencial y vive una vida más maravillosa que cualquier sueño. Permíteme mostrarte cómo.

PRIMERA PARTE

La promesa del potencial ilimitado

1

Materia, mente y espíritu

Desde el momento en que tomamos conciencia del mundo que nos rodea, nos preguntamos cuál es nuestro lugar en él. Estas preguntas son perennes: ¿por qué estoy aquí?, ¿cuál es mi sitio en el Universo?, ¿cuál es mi destino? De niños, imaginamos el futuro como una hoja en blanco en la que podemos escribir nuestra historia. Las posibilidades son infinitas y nos sentimos llenos de energía por la promesa del descubrimiento y el placer de vivir inmersos en tanto potencial. Sin embargo, conforme crecemos, «comprendemos» nuestras limitaciones y nuestra visión del futuro se constriñe. Lo que una vez elevó la imaginación, ahora es un lastre de temor y ansiedad; lo que una vez pareció ilimitado, se vuelve estrecho y nebuloso.

Existe una forma de recuperar la vertiginosa dicha del potencial inagotable. Todo lo que se necesita es comprender la verdadera naturaleza de la realidad, la disposición para aceptar la interrelación e indivisibilidad de todas las cosas. Después, con la ayuda de técnicas específicas, comprobarás cómo el mundo se abre para ti, y la buena suerte y las oportunidades, que de vez en cuando surgían, ocurrirán con más y más frecuencia. ¿Qué tan poderoso es el sincrodestino? Imagina que estás en un cuarto totalmente a oscuras y que tienes una linterna en la mano. Enciendes la linterna y ves que hay una hermosa pintura que cuelga de la pared. Tal vez pienses: «Es una obra de arte maravillosa, pero ¿es todo lo que hay?». En ese momento, el cuarto se ilumina desde arriba. Miras a tu alrededor y descubres que estás en un museo de arte, rodeado por cientos de pinturas, cada una más hermosa que la anterior. Conforme estas posibilidades se revelan, te das cuenta de que tienes una cantidad colosal de obras de arte que puedes estudiar y amar. Dejas de estar limitado a ver sólo una pintura iluminada por la débil luz de una linterna.

Ésta es la promesa del sincrodestino. Éste enciende las luces; nos da la capacidad de tomar decisiones auténticas, en vez de ir por la vida adivinando ciegamente; nos permite ver significado en el mundo, comprender la conexión o sincronicidad de todas las cosas, elegir la clase de vida que queremos vivir y cumplir nuestro destino espiritual. El sincrodestino permite transformar nuestras vidas de acuerdo con lo que queremos.

El primer paso para vivir de este modo consiste en entender la naturaleza de los tres niveles de existencia.

Nivel 1: El ámbito físico

El primer nivel de existencia es el físico o material, el universo visible. Es el mundo que mejor conocemos, al que llamamos mundo real. Contiene materia y objetos con límites precisos, todo lo tridimensional y lo que percibimos con los cinco sentidos: lo que podemos tocar, ver, escuchar, sentir, probar u oler. Incluye nuestros cuerpos, el viento, la tierra, el agua, los gases, los animales, los microbios, las moléculas y las páginas de este libro. En el ámbito físico, el tiempo parece fluir en una línea tan recta que la llamamos flecha del tiempo; ésta va del pasado al presente y al futuro. Lo anterior significa que todo lo que hay en el ámbito físico tiene un principio y un final; por lo tanto, es pasajero. Los seres sensibles nacen y mueren. Las montañas se elevan desde el núcleo líquido del planeta, y la lluvia y el viento incesante las erosionan.

El mundo físico está gobernado por leyes inmutables de causa y efecto, por lo que todo es predecible. La física newtoniana nos permite predecir acciones y reacciones; de modo que, cuando una bola de billar golpea a otra con una velocidad y en un ángulo específicos, podemos anticipar exactamente qué ruta seguirá cada una sobre la mesa. Los científicos pueden calcular con precisión cuándo ocurrirá un eclipse solar y cuánto durará. Toda la comprensión de sentido común que tenemos del mundo proviene de lo que sabemos de este ámbito físico.

NIVEL 2: EL ÁMBITO CUÁNTICO

En el segundo nivel de existencia, todo consiste en información y energía. Se le llama ámbito cuántico. En este nivel todo es insustancial, lo que significa que no puede tocarse ni percibirse con ninguno de los cinco sentidos. Tu mente, tus pensamientos, tu ego y la parte de ti que normalmente consideras que es tu ser, son parte del ámbito cuántico. Estas cosas carecen de solidez; sin embargo sabes que tu ser y tus pensamientos son reales. Aunque es más fácil pensar el ámbito cuántico en términos de la mente, engloba mucho más. De hecho, todo lo que existe en el universo visible es una manifestación de la energía y la información del ámbito cuántico. El mundo material es un subconjunto del mundo cuántico.

Otra manera de explicarlo es que todo lo existente en el ámbito físico está hecho de información y energía. En la famosa ecuación de Einstein, $E = MC^2$, sabemos que la energía (E) es igual a la masa (M) por la velocidad de la luz (C) al cuadrado. Esto nos dice que la materia (masa) y la energía son la misma cosa, pero en manifestaciones diferentes: energía es *igual* a masa.

Una de las primeras lecciones de ciencia que nos enseñan en la escuela es que todo objeto sólido está hecho de moléculas, y que éstas están formadas por unidades todavía más pequeñas llamadas átomos. Nos explican que esta silla, aparentemente sólida, en la que estamos sentados, está hecha de átomos tan pequeños que no pueden verse sin la ayuda de un poderoso microscopio. Luego aprendemos que los pequeños átomos están formados por partículas subatómicas que carecen de solidez. Son literalmente paquetes u ondas de información y energía. Esto significa que en este segundo nivel de existencia, la silla en la que estás sentado no es otra cosa que energía e información.

Este concepto puede ser difícil de asimilar al principio. ¿Cómo es posible que unas ondas invisibles de energía e información se perciban como objetos sólidos?

La respuesta es que los sucesos en el ámbito cuántico ocurren a la velocidad de la luz; y a esa velocidad, nuestros sentidos simplemente no pueden procesar todo lo que influye en nuestra experiencia sensible. Percibimos los objetos diferentes entre sí porque las ondas de energía contienen y determinan la frecuencia o vibración de diferentes tipos de información. Es como escuchar la radio. Si sintonizamos el 101.5 de FM, por ejemplo, tal vez escuchemos sólo música clásica. Si cambiamos a una frecuencia de ondas de radio ligeramente distinta, por ejemplo al 101.9 de FM, quizá escuchemos rock and roll. En función de cómo vibra, la energía está codificada para transmitir información diferente.

De esta manera, el mundo físico, el mundo de los objetos y la materia, está hecho de información contenida en una energía que vibra a distintas frecuencias. La razón por la que no vemos el mundo como una enorme red de energía es porque vibra demasiado rápido. Nuestros sentidos, que funcionan lentamente, sólo pueden registrar trozos de esta energía y actividad, y estos conglomerados de información se convierten en la silla, en mi cuerpo, en el agua y en todos los demás objetos físicos del universo visible.

Esto es similar a lo que ocurre cuando vemos una película. Como sabes, una película está hecha de fotogramas individuales separados por franjas. Si viéramos la película en el carrete en una sala de proyección, veríamos los fotogramas y las separaciones. Sin embargo, cuando vemos la película, los fotogramas pasan tan rápido que nuestros sentidos no perciben la discontinuidad. Los percibimos como un flujo constante de información.

En el ámbito cuántico, los trozos de campos de energía que vibran a diferentes frecuencias, y que percibimos como objetos sólidos, forman parte de un campo de energía colectivo. Si pudiéramos percibir todo lo que ocurre en el ámbito cuántico, veríamos que formamos parte de un gran caldo de energía y que todas las cosas, cada uno de nosotros y todos los objetos del ámbito físico, son sólo un conglomerado de energía que flota en este caldo de energía. En todo momento, tu campo de energía está en contacto con el de todos los demás e influye en él; todos respondemos a esa experiencia. Todos somos expresiones de esta energía e información. En ocasiones podemos sentir esta conexión. La sensación normalmente es sutil, pero a veces es tangible. La mayoría hemos tenido la experiencia de entrar en una habitación y sentir que la tensión es tal que puede cortarse con un cuchillo, o de estar en una iglesia o un lugar sagrado y sentirnos inundados por una sensación de paz. Esto es porque la energía colectiva del entorno se mezcla con la nuestra y lo percibimos en algún nivel.

En el ámbito físico también intercambiamos constantemente energía e información. Imagina que estás parado en la calle y hueles el humo del cigarrillo de una persona que camina a una cuadra de distancia. Eso significa que estás inhalando el aliento de esa persona a cien metros de distancia. El olor es sólo un indicador que te informa de que estás inhalando el aliento de otra persona. Si el indicador no estuviera ahí, si la persona no estuviera fumando, de todos modos estarías inhalando su aliento, sólo que sin el humo de cigarrillo no te darías cuenta. ¿Y qué es el aliento? Es el bióxido de carbono y el oxígeno que proviene del metabolismo de cada célula del cuerpo de ese extraño. Eso es lo que estás inhalando, del mismo modo que otras personas inhalan tu aliento. Así pues, de manera constante, intercambiamos partes de nuestro ser, moléculas físicas y mensurables de nuestros cuerpos.

En un nivel más profundo, en realidad no hay límites entre nuestro ser y el Universo. Cuando tocamos un objeto, lo sentimos sólido, como si hubiera un límite definido entre éste y nosotros. Los físicos dirían que percibimos la solidez de ese límite porque todo está hecho de átomos, que la solidez es la sensación que obtenemos cuando los átomos chocan contra otros átomos. Pero piensa qué es un átomo. Los átomos constan de un pequeño núcleo y una gran nube de electrones que lo rodean. No hay un caparazón rígido en su exterior, sólo una nube de electrones. Para visualizarlo, imagina un cacahuate en medio de un estadio de fútbol. El cacahuate representa el núcleo, y el estadio, el tamaño de la nube de electrones que lo rodea. Cuando tocamos un objeto, percibimos solidez al contacto de las nubes de electrones. Ésa es nuestra interpretación de la solidez, dada la sensibilidad (o relativa insensibilidad) de nuestros sentidos. Los ojos están programados para ver los objetos como tridimensionales y sólidos. Las terminales nerviosas están programadas para sentir los objetos como tridimensionales y sólidos. Sin embargo, en la realidad del ámbito cuántico, la solidez no existe. ¿Hay solidez cuando chocan dos nubes? No. Se funden y se separan. Algo similar ocurre cuando tocas un objeto. Tus campos de energía (y nubes de electrones) chocan, algunas porciones pequeñas se funden y luego te separas. Aunque te percibes como un todo, has cedido un poco de tu campo de energía al objeto y a cambio obtienes un poco de la suya. Con cada encuentro intercambiamos información y energía, y cuando nos separamos nos transformamos un poco. Aquí podemos comprobar también cuán conectados estamos con el mundo físico. Constantemente compartimos porciones de nuestros campos de energía, por lo que todos, en este nivel cuántico, en el nivel de nuestras mentes y seres, estamos conectados. Todos estamos correlacionados con los demás.

Así pues, sólo en la conciencia, nuestros limitados sentidos crean un mundo sólido a partir de la energía e información puras. Pero ¿qué pasaría si pudiéramos ver en el ámbito cuántico, si tuviéramos ojos cuánticos? Veríamos que todo lo que consideramos sólido en el mundo físico, entra y sale de un vacío infinito a la velocidad de la luz. Tal como la secuencia fotograma-franja de las películas, el Universo es un fenómeno de encendido-apagado. La continuidad y solidez del mundo existen sólo en la imaginación alimentada por sentidos que no pueden discernir las ondas de energía e información que conforman el nivel cuántico de la existencia. En realidad, todos entramos y salimos de la existencia continuamente. Si pudiéramos afinar nuestros sentidos, veríamos los huecos de nuestra existencia. Estamos aquí, luego no estamos y luego volvemos otra vez. Sólo nuestra memoria mantiene la sensación de continuidad.

Existe una analogía que puede ilustrar este punto. Los científicos saben que los caracoles necesitan, aproximadamente, tres segundos para registrar la luz. Imagina que un caracol me está viendo y que salgo de la habitación y realizo una proeza en tres segundos: robo un banco y regreso. En lo que al caracol concierne, nunca salí del cuarto; podría llevarlo a la corte y rendiría un testimonio perfecto. Para el caracol, el tiempo que estuve fuera del cuarto caería dentro de uno de esos huecos entre los fotogramas de la existencia discontinua. Su sentido de continuidad, suponiendo que tuviera, simplemente no registraría el hueco de tiempo.

Así pues, la experiencia sensorial de todos los seres vivos es una construcción perceptiva artificial, creada en la imaginación. Hay un relato zen sobre dos monjes que observan una bandera ondear en el viento. Uno dice: «La bandera está ondeando» y el otro afirma: «No, el viento se está moviendo». Su maestro se acerca y uno le pregunta: «¿Quién tiene razón? Yo digo que la bandera se está moviendo; él dice que es el viento el que se mueve». El maestro contesta: «Ambos están equivocados. Sólo la conciencia se está moviendo; cuando la conciencia se mueve, crea el mundo con su imaginación».

La mente es un campo de energía e información. Las ideas también son energía e información. Tú has imaginado tu cuerpo y el resto del mundo físico, al percibir el caldo de energía como un conjunto de entidades físicas separadas. Pero ¿de dónde proviene la mente que imagina esto?

NIVEL 3: EL ÁMBITO NO CIRCUNSCRITO

El tercer nivel de existencia es la inteligencia o conciencia. Se le ha llamado ámbito virtual, ámbito espiritual, campo de potencial, ser universal o inteligencia no circunscrita. Aquí es donde la información y la energía surgen de un mar de posibilidades. El nivel más fundamental y básico de la naturaleza no es material. Ni siquiera es un caldo de energía e información; es potencial puro. Este nivel de realidad no circunscrita opera más allá del espacio y el tiempo porque sencillamente no existen en él. Lo llamamos no circunscrito porque no puede confinarse a un lugar. No está en ti ni fuera de ti; simplemente es.

La inteligencia del ámbito espiritual es la que organiza el caldo de energía en entidades conocibles. Es lo que agrupa las partículas cuánticas en átomos, los átomos en moléculas, las moléculas en estructuras. Es la fuerza organizadora que está detrás de todas las cosas. Puede ser difícil asimilar este concepto. Una manera relativamente sencilla de pensar este ámbito consiste en reconocer la naturaleza dual de tus pensamientos. Mientras lees estas palabras, tus ojos están viendo la impresión en la página, tu mente está traduciendo la impresión a símbolos —letras y palabras— y tratando de deducir su significado. Pero reflexiona un momento: ¿quién es el que está leyendo?, ¿qué es esa conciencia que está detrás de tus pensamientos? Date cuenta de la dualidad de estos procesos internos. Tu mente está ocupada decodificando, analizando y traduciendo. Entonces, ¿quién está leyendo en realidad? Con este ligero cambio en tu atención podrás darte cuenta de que existe una presencia interna, una fuerza que siempre vive las experiencias. Ésta es el alma o inteligencia no circunscrita, y su vivencia tiene lugar en el nivel virtual.

Así como la información y la energía forjan el mundo físico, este ámbito no circunscrito crea y ordena la actividad de la información y la energía. De acuerdo con el doctor Larry Dossey, exitoso escritor y estudioso de la metafísica, los acontecimientos no circunscritos tienen tres importantes características que los distinguen: están correlacionados de manera independiente, absoluta e inmediata. Analicemos brevemente lo que quiere decir con esto.

El comportamiento de dos o más acontecimientos subatómicos no está determinado por las leyes de causa y efecto; significa que un suceso no es la causa de otro, aunque el comportamiento esté correlacionado o coordinado inmediatamente con éste. En otras palabras, parecen bailar al mismo son, aunque no están comunicándose entre sí en el sentido convencional. Éste es el significado de *independiente*.

La correlación entre los acontecimientos no circunscritos es *absoluta*, lo que significa que la firmeza de la correlación permanece intacta, a pesar de la distancia en tiempo y espacio. Por ejemplo, si tú y yo estuviéramos hablando en una habitación, mi voz sonaría muy diferente que si estuviéramos en aceras opuestas en una calle. A esta distancia, mi voz sonaría mucho más débil, en el caso de que pudieras oírme. Si estuvieras en el ámbito no circunscrito, me escucharías claramente sin importar que yo estuviera parado a tu lado, al otro lado de la calle, a un kilómetro de distancia o, incluso, en otro continente.

Finalmente, *inmediato* significa que los acontecimientos no circunscritos no requieren tiempo de traslado. Todos sabemos que la luz y el sonido viajan a velocidades distintas y por eso vemos el relámpago a la distancia antes de escuchar el trueno. Con los sucesos no circunscritos no hay tal retraso, pues las correlaciones de este tipo no obedecen a las leyes de la física clásica. NO hay señal, no hay luz y no hay sonido. No hay nada que tenga que trasladarse. Las correlaciones entre los acontecimientos que suceden en el nivel no circunscrito o virtual, ocurren al instante, sin causa y sin debilitarse a través del tiempo o la distancia. La inteligencia no circunscrita está en todas partes a la vez, y puede causar múltiples efectos simultáneos en varios lugares. Es desde este ámbito virtual desde donde todas las cosas están organizadas y sincronizadas. Por lo tanto, ésta es la fuente de las coincidencias, que son tan importantes para el sincrodestino. Cuando aprendes a vivir desde este nivel, puedes cumplir espontáneamente todos tus deseos. Puedes hacer milagros.

EVIDENCIAS DEL ÁMBITO VIRTUAL

El ámbito virtual no es producto de la imaginación ni del anhelo de una fuerza universal más grande que nosotros. Aunque los filósofos han discutido y debatido la existencia del espíritu durante miles de años, no fue sino hasta el siglo XX que la ciencia pudo ofrecer pruebas de la existencia de la inteligencia no circunscrita. Aunque la siguiente disertación es algo compleja, si la lees completa estoy seguro de que tendrás la misma sensación de maravilla y emoción que sentí cuando supe de esta investigación.

Tal como aprendimos en la clase de ciencias, el Universo está formado tanto de partículas sólidas como de ondas. Nos enseñaron que las partículas eran los componentes básicos de todos los objetos sólidos del mundo. Por ejemplo, aprendimos que las unidades más pequeñas de materia —como los electrones del átomo— eran partículas. Asimismo, nos enseñaron que las ondas como las del sonido o la luz no eran sólidas. No había confusión entre las dos; las partículas eran partículas y las ondas, ondas.

Lo que los físicos descubrieron, posteriormente, es que una partícula subatómica es parte de lo que se conoce como paquete de onda. Aunque las ondas de energía normalmente son continuas, con cimas y depresiones separadas uniformemente, un paquete de onda es una concentración de energía. (Imagina una pequeña pelota de estática con cimas y depresiones rápidas y marcadas que representan la amplitud de la onda.)

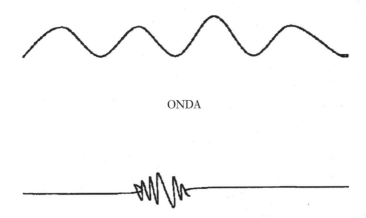

ONDA

PAQUETE DE ONDA

Hay dos preguntas que podemos formular sobre la partícula de este paquete de onda: 1) ¿dónde está?, y 2) ¿cuál es su velocidad? Los físicos descubrieron que podemos hacer una de estas preguntas, pero no ambas. Por ejemplo, cuando preguntamos dónde está y circunscribimos una onda-partícula a un lugar, entonces se convierte en una partícula. Si preguntamos cuál es su velocidad, hemos decidido que el movimiento es el factor más importante y por tanto estamos hablando de una onda.

De esta manera, de lo que estamos hablando, la onda-partícula, ¿es una partícula o una onda? Depende de cuál de las dos preguntas formulemos. En cualquier momento, esa onda-partícula puede ser una partícula o bien una onda, pues no podemos conocer su ubicación y su velocidad al mismo tiempo. De hecho, mientras no midamos su emplazamiento o su velocidad, es partícula y onda al mismo tiempo. A esto se le conoce como principio de incertidumbre de Heisenberg; se trata de uno de los conceptos básicos de la física moderna.

Imagina una caja cerrada con una onda-partícula en su interior. Su identidad definitiva no está determinada hasta que se le observa o mide de alguna forma. En el momento previo a la observación, su identidad es potencial puro. Es tanto una onda como una partícula y existe sólo en el ámbito virtual. Después de que tiene lugar la observación o la medición, el potencial se desploma y se convierte en una entidad única, una partícula o una onda. Dado que normalmente evaluamos el mundo a través de los sentidos, la idea de que algo puede existir en más de un estado a la vez, se opone totalmente a lo que nos dice nuestra intuición, pero ésa es la magia del mundo cuántico. Un famoso experimento de pensamiento creado por el físico Erwin Shroedinger muestra los extraños acontecimientos que son posibles gracias a la física cuántica. Imagina que tienes una caja cerrada que contiene una onda-partícula, un gato, una palanca y un recipiente con la tapa suelta de comida para gato. Si la onda-partícula se convirtiera en partícula, pondría en acción la palanca, ésta levantaría la tapa del recipiente de comida y el gato comería. Si la onda-partícula se convirtiera en onda, la tapa permanecería en el recipiente. Si abriéramos la caja (y por tanto hiciéramos una observación), veríamos un recipiente vacío (y un gato feliz), o un recipiente lleno (y un gato hambriento). Todo depende del tipo de observación que hagamos. Pero ésta es la parte que deja a la mente atónita: antes de que veamos dentro de la caja y hagamos una observación, el recipiente está vacío y lleno, y el gato está simultáneamente satisfecho y hambriento. En ese momento, ambas posibilidades existen al mismo tiempo. *La observación es la que convierte la posibilidad en realidad.* Por increíble que suene, recientemente, los físicos realizaron un experimento que probó este fenómeno: demostraron que un átomo cargado y no observado de berilio ¡era capaz de estar en dos lugares al mismo tiempo!

Quizá lo más difícil de creer es la noción de que dos lugares distintos puede ser producto de la percepción. En otras palabras, dos sucesos correlacionados y en dos lugares diferentes pueden ser, de hecho, los movimientos de un solo suceso. Imagina que hay un pez en una pecera y que dos cámaras de video están grabando sus movimientos. Las dos cámaras se ubican en ángulo recto y proyectan sus imágenes respectivas en dos pantallas distintas, que están en otra habitación. Tú estás sentado en esta habitación mirándolas. Observas dos peces diferentes y te sorprende que el comportamiento de uno se correlaciona inmediatamente con el del otro. Por supuesto, tú no sabes qué está pasando detrás de las cámaras. Si lo supieras, verías que se trata de un sólo pez. Si colocáramos muchas cámaras en ángulos distintos y proyectáramos sus imágenes en diferentes pantallas en la misma habitación, te sorprendería la correlación de los diferentes peces al instante.

Los grandes visionarios de las tradiciones místicas sugieren que lo que experimentamos todos los días es una realidad proyectada, en la que los acontecimientos y las cosas sólo están separadas en el tiempo y el espacio, de manera aparente. En el reino más profundo, todos somos miembros del mismo cuerpo y cuando una parte del cuerpo se mueve, todas las demás son afectadas al instante.

Los científicos también proponen un nivel de existencia llamado hiperespacio octodimensional de Minkowsky. En esta dimensión, concebida matemáticamente, la distancia entre dos sucesos, sin importar cuán distantes puedan parecer en el espacio y el tiempo, siempre es igual a cero. A su vez, esto sugiere una dimensión de existencia en la que todos somos inseparablemente uno. La separación puede ser sólo una ilusión. El enamoramiento en cualquiera de sus formas tiene la capacidad de empezar a destruir esa ilusión.

Como la observación es la clave para definir a la onda-partícula como una sola entidad, Niels Bohr y otros físicos creyeron que la conciencia era la única responsable de la mutación de la onda-partícula. Por tanto, puede decirse que sin conciencia nada estaría definido, todo existiría sólo como paquetes de energía potenciales o potencial puro.

Éste es uno de los puntos clave de este libro. Permíteme repetirlo porque es muy importante: *Sin la conciencia como observadora e intérprete, todo existiría sólo como potencial puro.* Ese potencial puro es el ámbito virtual, el tercer nivel de existencia. No está circunscrito; es inagotable, infinito y abarca todas las cosas. La utilización de ese potencial es lo que nos permite hacer milagros. Milagros no es una palabra suficientemente elocuente. Permíteme volver a la física para describir cómo la ciencia ha documentado algunos de los asombrosos hechos que pueden ocurrir desde este nivel de potencial.

Intrigado e inquieto por las posibilidades abiertas por la física cuántica, Albert Einstein diseñó su propio experimento mental: imagina dos ondas-partículas idénticas que son disparadas en direcciones opuestas. ¿Qué ocurre si preguntamos sobre la ubicación de la onda-partícula A y sobre la velocidad de la onda-partícula B? Recuerda: ambas son idénticas, por lo que cualquier cálculo que se haga sobre una, será válido para la otra, por definición. El conocimiento de la ubicación de la onda-partícula A (que por lo tanto se ha convertido en partícula) nos indica simultáneamente la ubicación de la onda-partícula B, que por lo mismo se convierte también en partícula.

Las consecuencias de este experimento mental, que se ha verificado matemática y experimentalmente, son enormes. Si la observación de la onda-partícula A afecta a la onda-partícula B, entonces hay una conexión o comunicación no circunscrita en la que se intercambia información a una velocidad mayor que la de la luz, sin el intercambio de energía. Esto se opone totalmente al sentido común. A este experimento mental se le conoce como paradoja Einstein-Podolsky-Rosen. Los experimentos de laboratorio han demostrado que las leyes de la física cuántica son válidas y que la comunicación o conexión no circunscrita es una realidad.

Permítame intentar ilustrar la magnitud de este punto con un ejemplo que es un poco exagerado, pero que tiene lugar en el mundo físico, por lo que sus efectos son más fáciles de concebir. Imagina que una empresa envía simultáneamente dos paquetes idénticos, uno a mi domicilio en California y otro a tu casa. En cada una de las cajas hay una onda-partícula correlacionada y no observada: potencial puro. Tú y yo recibimos y abrimos los paquetes exactamente al mismo tiempo. Justo antes de cortar la cinta y abrir las tapas, yo creo una imagen mental de lo que quiero que contenga la caja. Cuando la abro, descubro que contiene justo lo que imaginé: un violín. Pero ésa es sólo la mitad del milagro. Cuando tú abres tu caja, ¡también contiene un violín! Cuando yo imaginé lo que quería que contuviera la caja, las ondas-partículas adoptaron una forma específica, y mi imaginación afectó la onda-partícula de tu paquete. Podríamos repetir este experimento una y otra vez, y siempre obtendríamos el mismo resultado: lo que yo imaginara para mí sería igualado para ti en ese preciso instante. Y no sólo puedo influir en la forma de un grupo de ondas-partículas, sino que, de alguna manera, éstas son capaces de comunicar a través de la distancia entre mi casa y la tuya, la forma que están tomando a una velocidad mayor que la de la luz. A esto se refiere la comunicación o correlación no circunscrita.

En una prolongación de esta investigación, también se demostró la existencia de la comunicación no circunscrita en las personas. En el famoso experimento Grinberg-Zylberbaum, publicado en 1987, los científicos utilizaron un aparato llamado electroencefalógrafo para medir las ondas cerebrales de parejas que meditaban juntas. Descubrieron que algunas parejas mostraban una fuerte correlación entre sus patrones de ondas cerebrales, lo que sugería un estrecho vínculo o relación mental. Estas personas podían identificar, cuando se percibían en comunicación directa con la otra, información que era confirmada por las máquinas que medían sus ondas cerebrales. A estas parejas estrechamente vinculadas se les pidió que meditaran juntas, una al lado de la otra, durante veinte minutos.

Después, una de ellas se trasladaba a otra habitación, cerrada y aislada. Una vez ubicadas, cada una en una habitación distinta, se les pidió que intentaran establecer comunicación directa con la otra. La persona que había sido trasladada era estimulada en su habitación con brillantes destellos de luz, que causaban en sus ondas cerebrales pequeños picos llamados potenciales provocados. Pero lo fascinante de este experimento es que la persona que no estaba expuesta a la luz, también mostraba pequeños picos en sus ondas cerebrales que correspondían a los potenciales provocados de la que estaba expuesta a los destellos. Así pues, estas dos personas estaban conectadas en un nivel profundo por medio de la meditación, y esa conexión provocaba reacciones físicas mensurables en ambas, incluso en la que no estaba expuesta al estímulo luminoso. Lo que le ocurría a una le sucedía a la otra, automáticamente y de forma instantánea.

Estos resultados no pueden explicarse si no es a través de la correlación no circunscrita que ocurre en el ámbito virtual, el nivel del espíritu que conecta, organiza y sincroniza todo. Este campo ilimitado de inteligencia o conciencia está en todos lados; se manifiesta en todas las cosas. Lo hemos visto operar en el nivel de las partículas subatómicas —el componente básico de todas las cosas—, y lo hemos visto conectar a dos personas en un nivel que trasciende las divisiones. Sin embargo, no es necesario entrar en un laboratorio para ver a esta inteligencia no circunscrita en acción. Las pruebas están por todos lados, en los animales, en la naturaleza e, incluso, en nuestro cuerpo.

2

La sincronicidad en la naturaleza

Los ejemplos de sincronicidad en la naturaleza son tan frecuentes que los consideramos normales. Sin embargo, si afinamos la mirada para que observe lo que parece casi imposible, el concepto de sincronicidad comenzará a cobrar sentido. Por ejemplo, mira hacia el cielo en un día de verano y espera a que aparezca una bandada. Al igual que los peces del banco de peces que mencioné antes, todas las aves vuelan en formación; cuando cambian de dirección, todas ejecutan los mismos movimientos sincrónicamente. Una bandada puede constar de cientos de individuos y, sin embargo, cada uno se mueve en armonía con todos los demás sin que haya un líder. Cambian de dirección en un instante; todas las aves modifican su curso, exactamente en el mismo momento, y lo hacen a la perfección. Jamás vemos que choquen entre sí en pleno vuelo. Se elevan, giran y descienden de tal manera que parecen un organismo, como si estuvieran recibiendo instrucciones y todos obedecieran al instante. ¿Cómo es posible? No hay tiempo suficiente para ningún intercambio de información, por lo que cualquier correlación de actividad entre las aves debe ocurrir de manera no circunscrita.

Los físicos han trabajado durante años para descubrir las propiedades que guían los movimientos de las aves, pero hasta ahora han fracasado. La complejidad y precisión absoluta del comportamiento de estos animales, invariablemente los deja boquiabiertos. Los ingenieros han estudiado los movimientos de las aves, con la intención de descubrir principios que puedan solucionar los embotellamientos. Si pudieran utilizar el mecanismo sensorial de las aves y crear a partir de éste pautas para el diseño de carreteras o automóviles, tal vez no volvería a haber accidentes de tránsito. Sabríamos con anticipación qué van a hacer todos los demás autos que están en el camino, en todo momento. Sin embargo, este proyecto nunca tendrá éxito, pues no se puede trasladar al mundo mecánico. La comunicación instantánea que vemos comúnmente en bandadas y bancos de peces proviene del nivel espiritual, de la inteligencia no circunscrita y organizadora que reside en el ámbito virtual. El resultado es la sincronicidad: seres totalmente sintonizados con el entorno y con todos los demás, bailando al ritmo del cosmos.

Aunque las aves y los peces ofrecen el ejemplo más asombroso de sincronicidad en la naturaleza, existen tantos ejemplos como criaturas. Todas las criaturas sociales muestran indicios de comunicación no circunscrita, y estudios exhaustivos con insectos y animales gregarios muestran que sus respuestas a las amenazas son inmediatas, más rápidas de lo que cabría esperar de métodos de comunicación normales.

El científico Rupert Sheldrake ha realizado fascinantes estudios de lo que parecen ser casos de comunicación no circunscrita, entre los perros y sus dueños. Las personas y estos animales pueden establecer vínculos estrechos, y Sheldrake ha documentado casos en los que los perros parecen saber cuándo sus dueños están por llegar a casa. Desde diez minutos a dos horas antes de que llegue su dueño, el perro se sienta frente a la puerta principal y espera como si anticipara el regreso de su dueño. Los escépticos han dicho que todo esto se explica por los hábitos; que el dueño llega todos los días a la misma hora y que el animal puede escucharlo u olerlo a kilómetros de distancia. Sin embargo, estos animales pueden predecir la llegada de sus dueños aun cuando lleguen a horas inesperadas, en autos distintos, a pie o incluso si el viento sopla en dirección contraria impidiendo que su olor llegue a la casa.

Esto no ocurre con todos los perros ni con todos los dueños, pero cuando ocurre es un fenómeno poderoso. Hay algo más sorprendente: Sheldrake ha demostrado que los perros pueden percibir las intenciones. Supongamos que el dueño está en París tomando unas vacaciones de dos semanas, y que el perro está en su casa, en Londres. Si el dueño cambia los planes de repente y decide regresar una semana antes, el perro muestra las mismas señales de anticipación una semana antes. Tan pronto como el dueño piensa: «Es hora de ir a casa», el perro se levanta de dondequiera que haya estado durmiendo y se sienta frente a la puerta meneando la cola a esperar la llegada de su dueño.

Para asegurarse que estas observaciones no sólo eran ilusiones de los dueños, los estudios verificaron las reacciones de perros específicos ante las intenciones de sus dueños de regresar a casa. Se colocaron cámaras en los lugares de la casa en los que era probable que estuviera el perro: su cama, la puerta principal, la cocina. El dueño partía sin saber adónde iba ni cuándo regresaría; eso lo determinaban los investigadores. Hasta que subía a su auto no recibía instrucciones sobre adónde dirigirse. Luego, en momentos seleccionados al azar, un investigador enviaba al dueño una señal para indicarle que volviera. Se anotaba la hora y se verificaba la reacción del perro en las cintas de video. Cuando el dueño emprendía el regreso, el perro iba a la puerta y esperaba la llegada sin importar dónde estaba aquél, qué hora era ni cuánto tiempo tardaría en llegar a casa.

No hay duda de que algunas personas tienen una conexión muy fuerte con sus perros; están *correlacionadas* con sus animales. Están sincronizadas. A través de este vínculo, el dueño y el perro experimentan la comunicación no circunscrita.

Es sencillo encontrar ejemplos de sincronicidad en el reino animal porque los animales están en contacto con la naturaleza esencial de las cosas. Los humanos perdemos este sentido de conexión en un fárrago de preocupaciones por el pago de la renta, la elección del auto que compraremos o cualquier otra distracción. Tan pronto como desarrollamos un ego, un sentido del yo separado de todos los demás, estas conexiones se oscurecen.

Sin embargo, muchas personas experimentan la sincronicidad y no necesariamente practican la meditación. Todos hemos escuchado historias de gemelos idénticos que pueden sintonizarse con facilidad con lo que el otro está sintiendo o pensando. Esta misma clase de conexión puede verse en otros individuos fuertemente vinculados. Una vez estaba hablando con un paciente cuando, de súbito, sintió un dolor penetrante en el abdomen y empezó a revolcarse en el piso. Cuando le pregunté qué había pasado, me contestó: «Sentí como si alguien me hubiera apuñalado aquí». Más tarde supimos que en aquel preciso instante, su madre, que estaba en Filadelfia, había sido asaltada y apuñalada en el abdomen. El hombre tenía una fuerte conexión con ella; simple y sencillamente era la relación más importante de su vida. Estaban tan sintonizados que, en cierto nivel, su mentalidad era una. Podríamos decir que estaban *inmersos*.

«Inmersión» es un sinónimo de correlación o sincronización; los científicos lo utilizan frecuentemente para describir algo que está contenido en otra sustancia o fuerza. Por ejemplo, unas partículas pueden estar sumergidas en un líquido y fluir en él. La palabra ayuda a describir cómo las cosas se correlacionan entre sí. Recuerda: la sincronicidad sólo ocurre cuando las personas, los animales o los objetos tienen una relación estrecha, cuando están *inmersos*.

Por ejemplo, algunos investigadores han estudiado tribus africanas en las que las madres guardan una relación muy cercana con sus hijos. Esta relación surge durante la gestación. En el momento de la concepción la madre elige un nombre y le compone una canción que canta durante todo el embarazo. Cuando da a luz, todos los vecinos acuden y la cantan. También lo hacen en las fechas importantes: en su cumpleaños, cuando pasa de ser bebé a niño, durante los rituales de pubertad, cuando se compromete y en su boda. La canción se convierte en el sostén del vínculo original entre madre e hijo; incluso, se prolonga más allá de la muerte cuando se canta en el funeral de la persona. Ésta es la manera en que el hijo es sumergido en el mundo de la madre y de la tribu. Esto forma una conexión tan íntima que si el bebé está entre los arbustos y la madre en el campo, y el primero siente alguna incomodidad, la madre resentirá lo mismo en su cuerpo y en el mismo instante, tal como lo que ocurrió con mi paciente.

Los practicantes de meditación, de los que hablé en el capítulo anterior, se conocían y agradaban antes del experimento, pero la meditación hizo que se sintieran aún más inmersos. Uno puede estar conectado socialmente, ser marido y mujer, hermano o hermana, pero para que ocurra la comunicación no circunscrita debe haber una conexión más profunda.

Visto de este modo parece terriblemente difícil establecer esta clase de conexión, pero en realidad, todos estamos constantemente en contacto con la inteligencia no circunscrita. El simple hecho de que nuestros cuerpos existan, se debe a la comunicación no circunscrita.

¿Cómo es que algo tan real y sólido como nuestros cuerpos depende de la comunicación no circunscrita? Toma en cuenta que el cuerpo humano está formado por, aproximadamente, cien mil billones de células, unas mil células por cada estrella de la Vía Láctea. Sólo son necesarias 50 duplicaciones a partir del óvulo fertilizado unicelular para producir esos cien mil billones de células. La primera duplicación produce dos células; la segunda, cuatro; la tercera, dieciséis; y así continúa. Para la quincuagésima duplicación, cuentas con cien mil billones de células en tu cuerpo y se detiene la duplicación.

Todas las células del cuerpo parten de una sola. Ésta se duplica y se duplica, y en algún momento las células experimentan un proceso de diferenciación. El cuerpo humano tiene unos 250 tipos diferentes de ellas, desde la célula adiposa, simple y esférica, hasta la nerviosa, fina y ramificada. Los científicos aún no tienen idea de cómo es que una sola célula termina dividiéndose en tantos tipos diferentes de células, capaces de organizarse para formar el estómago, el cerebro, la piel, los dientes y todas las demás partes altamente especializadas del cuerpo.

Además de cumplir su tarea específica en el cuerpo, cada célula realiza millones de cosas cada segundo, sólo para mantenerse en funcionamiento: elaborar proteínas, ajustar la permeabilidad de su membrana y procesar nutrientes, por nombrar algunas. Asimismo, cada una debe saber exactamente qué están haciendo todas las demás, pues de otro modo nos desmoronaríamos. El cuerpo humano sólo puede funcionar si opera sincrónicamente y esto ocurre a través de la correlación no circunscrita. ¿De qué otro modo podrían 100 trillones de células —cada una haciendo millones de cosas cada segundo— coordinar actividades para sostener a un ser humano viviente? ¿De qué otra manera podría un cuerpo humano generar pensamientos, eliminar toxinas, sonreír a un bebé —o incluso hacer un bebé—, todo al mismo tiempo?

Si quiero mover los dedos de mis pies, primero necesito el pensamiento de que deseo hacerlo. Éste activa mi corteza cerebral, la cual envía un impulso nervioso a mis piernas a través de la espina dorsal y mueve mis dedos. Esto es milagroso. ¿De dónde salió el pensamiento?

Antes de éste no había energía, pero tan pronto como tuve el pensamiento y la intención de mover los dedos, en mi cerebro se generó una tormenta electromagnética controlada que se transmitió a través del nervio y que lo hizo segregar cierta sustancia química. Entonces mis dedos se movieron. Ése es un fenómeno muy lineal, mecánico y local, excepto por esa primera parte, el pensamiento que originó todo. ¿Cómo generó el cerebro la electricidad? Los científicos entienden los mecanismos del cuerpo: potencial de acción, neurotransmisores, contracciones musculares y todo eso, pero ninguno puede demostrar a través de la experimentación de dónde proviene el pensamiento. El pensamiento no puede verse, pero sin él estaríamos paralizados. Si no hay pensamiento no hay movimiento. De alguna manera nuestra conciencia se convierte en información y energía. ¿Dónde ocurre esto?

La respuesta es que el pensamiento se origina en el ámbito virtual.

Nuestro cuerpo actúa de manera sincrónica todo el tiempo. Cuando hay alguna perturbación, por pequeña que sea, éste reacciona en su totalidad. Por ejemplo, supón que no has comido en todo el día, por lo que tu nivel de azúcar en la sangre empieza a disminuir. Al instante se pone en acción toda una serie de sucesos sincrónicos para elevarlo. El páncreas secreta una hormona llamada glucagón que convierte en glucosa el azúcar almacenada en el hígado, y ésta queda inmediatamente disponible como energía; las células adiposas liberan en el torrente sanguíneo ácidos grasos y glucosa; el sistema nervioso estimula los músculos vinculados al esqueleto para que cedan sus reservas de glucosa. Todo esto ocurre al mismo tiempo. Los niveles de insulina descienden y la frecuencia cardiaca se incrementa para activar la energía. El cuerpo realiza cerca de un millón de tareas para recuperar el nivel normal de azúcar, y ésa es sólo una de las funciones que ocurren simultáneamente. Nada de esto podría ocurrir sin una comunicación no circunscrita, sin que la información se correlacionara a una velocidad mayor a la de la luz, fuera de los límites de la física común.

Se ha dicho que esta comunicación no circunscrita se establece por la resonancia de la actividad eléctrica del corazón. El corazón tiene un marcapasos que lo mantiene latiendo aproximadamente 72 veces por minuto. Este marcapasos emite una señal eléctrica que provoca la contracción mecánica del corazón. Siempre que hay una corriente eléctrica existe un campo electromagnético que la rodea —los campos electromagnéticos son básicamente fotones que se comportan de determinada manera—. Así pues, el corazón emite, con cada latido, su energía electromagnética al resto del cuerpo. Incluso lo emite fuera del cuerpo (si lo amplificáramos, otras personas podrían recibir las señales). La energía se transmite por todo el cuerpo. De este modo, el corazón es el oscilador principal del cuerpo, dueño de un campo electromagnético propio. El corazón genera un campo de resonancia que provoca que cada célula del cuerpo esté inmersa con las demás, por lo que todas están sintonizadas sincrónicamente.

Las células que están dentro del mismo campo de resonancia bailan al mismo son. Las investigaciones muestran que cuando pensamos creativamente, nos sentimos tranquilos o estamos enamorados, estas emociones generan un campo electromagnético coherente que se transmite al resto del cuerpo. También crean un campo de resonancia en el que cada célula del cuerpo se acopla a las demás. Cada una sabe qué están haciendo las demás porque en realidad todas hacen lo mismo, aunque expresen eficientemente sus funciones específicas: las células estomacales elaboran ácido clorhídrico, las células inmunológicas generan anticuerpos, las células pancreáticas producen insulina, etcétera.

En un cuerpo saludable, esta sincronicidad manifiesta una regulación perfecta. Las personas saludables están firmemente atrapadas en estos ritmos. Cuando hay una enfermedad es porque uno de ellos se perturbó. El estrés es lo que produce más trastornos. Si estamos estresados o nos sentimos hostiles, perdemos el equilibrio del cuerpo. El estrés interrumpe la conexión no circunscrita con todo lo demás. Cuando experimentamos un malestar (mal-estar) es porque alguna parte de nuestro cuerpo está empezando a constreñirse, porque se está saliendo del campo de inteligencia no circunscrita.

Hay muchas emociones que pueden perturbar el campo electromagnético del corazón, pero las que se han documentado con más precisión son la ira y la hostilidad. Una vez que se interrumpe la sincronización, el cuerpo actúa de manera desintegrada. El sistema inmunológico se inhibe, y esto acarrea problemas como mayor susceptibilidad al cáncer, las infecciones y el envejecimiento acelerado. Este efecto es tan marcado que los animales pueden percibirlo. Un perro ladrará y actuará con fiereza en presencia de una persona que alberga hostilidad. A dondequiera que vayamos, transmitimos lo que somos en este nivel íntimo.

Pero nuestra conexión con la inteligencia no circunscrita no termina en los límites corporales. Al igual que el cuerpo, el Universo mantiene un equilibrio que manifiesta a través de ritmos o ciclos.

Mientras viaja alrededor del Sol, la Tierra crea los ritmos estacionales. El invierno se convierte en primavera, las aves migran, los peces buscan sus sitios de desove, las plantas florecen, los árboles echan brotes, los frutos maduran, las aves empollan. Ese simple cambio en la naturaleza, esa ligera inclinación del planeta, inicia una cascada de acontecimientos no circunscritos. Toda la naturaleza actúa como un solo organismo. Incluso las personas se sienten diferentes en cada estación; algunas tienden a deprimirse en invierno y a enamorarse en primavera. Desde el punto de vista bioquímico, ciertos cambios corporales corresponden al movimiento del planeta. Toda la naturaleza es una sinfonía y formamos parte de ella.

Conforme la Tierra gira sobre su eje, nos da los ritmos circadianos. Las criaturas nocturnas despiertan en la noche y duermen durante el día. Las aves buscan alimentos en horas específicas del día, llamadas horas de aves. Nuestros cuerpos también están sincronizados con los ritmos diurnos. Yo paso la mayor parte del tiempo en California, y sin un esfuerzo consciente de mi parte, mi cuerpo se adapta al ritmo californiano de acuerdo con mi zona horaria. Mi cuerpo empieza a anticipar el amanecer, lo que me permite despertar aproximadamente a la misma hora todos los días, y se desacelera en la noche, lo que me ayuda a prepararme para dormir. Durante el sueño, el cuerpo permanece activo; nos lleva a través de varias etapas de sueño y modifica las ondas cerebrales. Las hormonas que controlan y regulan las distintas funciones del cuerpo siguen produciéndose y secretando, pero en cantidades diferentes a las de la vigilia. Cada célula continúa con su millón de actividades distintas mientras la totalidad del cuerpo desarrolla su ciclo nocturno.

En la Tierra sentimos los efectos del Sol en el ritmo diurno y los de la Luna en el nocturno, conforme crece y disminuye el movimiento del satélite. Los ciclos lunares se manifiestan en nuestro cuerpo, lo que nos correlaciona al instante con los movimientos planetarios. El ciclo menstrual de 28 días de las mujeres está influido por la Luna, y hay otros ritmos mensuales más sutiles que afectan el estado de ánimo y la productividad de las personas. Los efectos gravitacionales del Sol y la Luna sobre la Tierra provocan las mareas, las cuales también inciden en nuestros cuerpos. Después de todo, hace millones de años también fuimos habitantes del océano. Cuando nos deslizamos hacia la orilla trajimos algo de él.

Nuestro cuerpo tiene en un ochenta por ciento la misma composición química que el océano, y sigue influido por la fuerza de las mareas. Todos estos ritmos, diurnos, lunares y estacionales están sincronizados entre sí. Hay ritmos que están dentro de otros, y éstos a su vez están dentro de otros. Todos estos toques de tambor resuenan alrededor y dentro de nosotros. No somos ajenos al proceso; somos parte de él, palpitamos con el latido del Universo. La inteligencia no circunscrita está dentro y alrededor de nosotros. Es espíritu, el potencial a partir del cual surge todo. Es la base de nuestro ser; carece de dimensiones, volumen, energía y masa, y no ocupa espacio. Tampoco existe en el tiempo. Todas las experiencias son proyecciones localizadas de esta realidad no circunscrita, la cual es un potencial singular, único. Aquí todo es uno e inseparable. En este nivel más profundo de realidad eres esta inteligencia no circunscrita, un ser universal que se observa a través de un sistema nervioso humano. Así como el prisma divide un rayo de luz en los colores del espectro, la inteligencia no circunscrita, al observarse a sí misma, separa una realidad única en una multitud de apariencias.

Piensa que el Universo es un organismo único y enorme. Su vastedad es una realidad de la percepción. Aunque veas un gran estadio de fútbol con miles de personas dentro, el fenómeno real es un pequeño impulso eléctrico de tu cerebro que tú, el ser no circunscrito, interpretas como juego de fútbol. El Yoga Vasishta, un antiguo texto védico, afirma: «El mundo es como una gran ciudad reflejada en un espejo». Del mismo modo, el Universo es un enorme reflejo de ti en tu conciencia.

Es, en pocas palabras, el alma de todas las cosas.

3

La naturaleza del alma

En la vastedad del océano no existe el ego. Visto a distancia, desde la Luna o desde un satélite, el océano parece quieto e inanimado, una enorme franja azul que circunda la Tierra. Sin embargo, conforme nos acercamos, comprobamos que está en movimiento constante, agitado por corrientes y mareas, remolinos y olas. Nosotros vemos estos patrones como entidades distintas. Cuando una ola se levanta podemos ver su cresta, su rompimiento y su movimiento hacia la orilla. Sin embargo, es imposible separar la ola del océano. Es imposible sacar una ola con un balde y llevarla a casa. Si tomas una fotografía de una ola y regresas al día siguiente, ninguna será exactamente igual.

El océano es una analogía maravillosa para comprender el alma. Imagina que el océano es la realidad no circunscrita, el campo de posibilidades infinitas, el nivel virtual de existencia que sincroniza todo. Cada uno de nosotros es como una ola de ese océano. Somos creados a partir de él y constituye la esencia misma de lo que somos. Así como las olas tienen una forma específica, nosotros adoptamos intrincados patrones de realidad no circunscrita. Este océano vasto e infinito de posibilidades es la esencia del mundo físico. El océano representa lo no circunscrito y la ola, lo circunscrito. Ambos están íntimamente vinculados.

Una vez que sabemos que el alma deriva del reino no circunscrito o virtual, nuestro lugar en el Universo se hace evidente: somos tanto circunscritos como no circunscritos, patrones individuales que emergen de la inteligencia no circunscrita, la cual es parte de todo y de todos los demás. Podemos pensar entonces que el alma tiene dos partes. El alma vasta, no circunscrita, existe en el nivel virtual o espiritual. Es poderosa, pura y capaz de cualquier cosa. La parte personal, circunscrita, existe en el nivel cuántico. Ésta es la que se manifiesta en nuestra vida cotidiana y que mantiene la esencia de lo que somos. También es poderosa, pura y capaz de cualquier cosa. El mismo potencial ilimitado del espíritu infinito también reside en cada uno. Nuestra alma personal, aquélla en la que pensamos cuando pensamos en nosotros, es una floración del alma eterna.

Si aprendiéramos a vivir desde el nivel del alma, veríamos que la parte más valiosa y luminosa de nuestro ser está conectada con todos los ritmos del Universo. Seríamos conscientes de nuestra capacidad de hacer milagros. Dejaríamos de sentir temor, añoranza, odio, ansiedad y duda. Vivir desde el nivel del alma, significa dejar atrás el ego y las limitaciones de la mente que nos atan a los sucesos y consecuencias del mundo físico.

En la vastedad del océano, nada reclama atención individual. Hay olas, remolinos y mareas, pero en última instancia, todo es océano. Nosotros somos patrones del ámbito cuántico que aparentan ser personas; en última instancia, todo es espíritu.

No obstante, todos nos *sentimos* plenamente individuales, ¿no es así? Nuestros sentidos nos confirman que estos cuerpos son reales y tenemos pensamientos personales e individuales. Aprendemos, nos enamoramos, tenemos hijos y trabajamos en nuestras carreras. ¿Cómo es que no sentimos este vasto océano arremolinándose en nuestro interior? ¿Por qué sentimos que nuestras vidas están tan circunscritas? Todo se debe a los tres niveles de existencia.

En el nivel físico, en lo que llamamos mundo real, el alma es el observador que participa en la observación. Siempre que observamos, hay tres elementos involucrados. El primero, que ocurre en el mundo físico, es el objeto observado. El segundo, que ocurre en el nivel de la mente, es el proceso de observación. El tercer elemento es el observador mismo, al que llamamos alma.

Veamos un sencillo ejemplo. Primero, un animal cuadrúpedo y peludo se convierte en objeto de tu observación. En seguida, tus ojos reciben la imagen del objeto y transmiten la señal a la mente, que interpreta ese objeto como un perro. Pero ¿*quién* está observando al perro? Dirige la conciencia hacia adentro y percibirás una presencia en tu interior. Esa presencia es tu alma, la extensión de la inteligencia no circunscrita que florece en ti. Así pues, el alma está involucrada en el proceso de conocimiento, pero también es la que conoce. Esta presencia, esta conciencia, esto que conoce, es inmutable. Es un punto de referencia fijo en medio del cambiante paisaje del mundo físico.

Todos tenemos un alma, pero como cada uno observa desde lugares y experiencias diferentes, no todos observamos las mismas cosas ni de la misma manera. Las variaciones se deben a las interpretaciones personales. Por ejemplo, si tú y yo observáramos a un mismo perro, tendríamos pensamientos distintos. Yo podría considerarlo un animal feroz y sentir temor. Tú podrías verlo como una compañía amigable. Nuestras mentes interpretan la observación de distinta forma. Si yo veo un perro, corro; si tú lo ves, le silbas y juegas con él.

La interpretación ocurre en el nivel de la mente, pero la que está condicionada por la experiencia es nuestra alma individual; ésta influye en las elecciones e interpretaciones por los recuerdos de experiencias pasadas. Estos pequeñísimos granos o semillas de la memoria se acumulan en el transcurso de la vida y la combinación de recuerdos e imaginación basada en la experiencia recibe el nombre de karma. El karma se acumula en la parte personal del alma, en esa ola que forma la esencia de nuestro ser y la matiza. El alma personal gobierna la conciencia y es el paradigma de la clase de persona en que cada uno se convertirá. Además, nuestros actos pueden influir en el alma personal, y modificar el karma para bien o para mal.

La parte universal y no circunscrita del alma no es afectada por nuestros actos, pero está conectada con un espíritu puro e inmutable. De hecho, la definición de iluminación es el reconocimiento de que soy un ser infinito que ve y es visto, que observa y es observado desde un punto de vista específico y localizado. No importa cuánto hayamos complicado nuestras vidas, siempre es posible recurrir a la parte universal del alma, al campo infinito de potencial puro y modificar el curso de nuestro destino. Eso es el sincrodestino: aprovechar la conexión entre las almas, personal y universal, para moldear nuestras vidas.

Las semillas de la memoria acumuladas por la experiencia, nuestro karma, ayudan a determinar quiénes somos, pero la individualidad de nuestra alma personal está determinada por otros factores. Las relaciones desempeñan un papel importante en la construcción del alma. Permíteme explicarlo detalladamente a través de un análisis de los distintos aspectos de la existencia. Cuando examinamos nuestros cuerpos físicos, nos damos cuenta de que no son más que un conjunto de moléculas recicladas. Las células de nuestro cuerpo se crean, mueren y reemplazan, muchas veces, a lo largo de nuestra vida. En forma constante, estamos rehaciéndonos. Para regenerarse, nuestros cuerpos convierten los alimentos que consumimos en los componentes básicos de la vida. El planeta mismo provee los nutrientes que necesitamos para renovarnos y las células que desechamos vuelven a él. Por ello, podemos afirmar que constantemente transformamos nuestros cuerpos físicos, por medio del reciclamiento de la Tierra.

Ahora considera las emociones; éstas sólo son energía reciclada. No surgen de nosotros; vienen y van en función de las situaciones, circunstancias, relaciones y acontecimientos. El 11 de septiembre de 2001, la fecha del desastre del World Trade Center, los sucesos desencadenaron el miedo y el terror. Estas poderosas emociones continuaron vigentes durante meses. Las emociones no se generan aisladamente; siempre se producen por alguna interacción con el entorno. Si no hay circunstancias ni relaciones, no hay emociones. Así pues, aunque monte en cólera, de hecho no es *mi* cólera. Es cólera que se ha asentado en mí por un momento.

Piensa en la última vez que estuviste entre personas que experimentaban una emoción similar, por ejemplo, en una turba furiosa, entre los dolientes en un funeral o entre los aficionados en un partido de futbol. Es casi imposible no dejarse llevar por esa emoción, pues aumenta su potencia cuando la expresan simultáneamente tantas personas. En estas situaciones, no se trata de tu ira, tu tristeza o tu júbilo. Cada emoción depende del contexto, las circunstancias y las relaciones que definen tu realidad en ese momento.

¿Qué hay de los pensamientos? Éstos son información reciclada. Cada pensamiento forma parte de una base de datos colectiva. Hace 100 años hubiera sido imposible decir: «Voy a viajar a Disney World en Delta Airlines». No existía este concepto en el mundo, por lo que era imposible tener ese pensamiento. No había Disney World, Delta Airlines ni vuelos comerciales. Hasta los pensamientos más originales son simplemente información reciclada, saltos cuánticos de creatividad que surgen del mismo estrato de información colectiva y reciclada.

Aunque la expresión «salto cuántico» se ha extendido al lenguaje cotidiano, en realidad tiene un significado específico. Cuando en la escuela se habla de los átomos, normalmente se advierte que tienen un núcleo con protones y neutrones, y que los electrones giran alrededor de aquél en órbitas fijas ubicadas a distancias distintas.

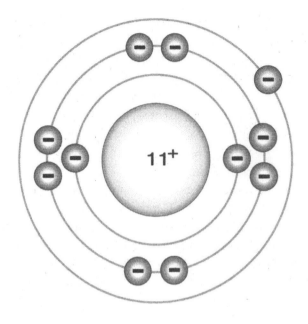

ÁTOMO DE SODIO (Na)

Dicen que los electrones permanecen en una órbita, pero que a veces cambian a otra. Si absorbe energía, un electrón puede saltar a una órbita superior; si libera energía, puede caer a una órbita inferior. Lo que no dicen es que cuando un electrón cambia de una órbita a otra, no se mueve a través del espacio que las separa; en un momento está en la órbita A y al siguiente está en la B, *sin haber recorrido el espacio entre las dos*. A esto se le llama salto cuántico. Un salto cuántico es un cambio de estatus —de un conjunto de circunstancias a otro— que ocurre de manera inmediata, sin sucesos intermedios.

Los científicos han aprendido que no pueden predecir cuándo ni dónde ocurrirá un salto cuántico. Pueden crear modelos matemáticos que les permiten calcularlo aproximadamente, pero no predecirlo del todo. En el nivel subatómico, esa imprevisibilidad parece no tener consecuencias. Si un electrón salta de una órbita a otra, ¿en qué nos afecta? Si piensas en todos los átomos del mundo y sumas los efectos de su imprevisibilidad, el resultado es, literalmente, el caos.

Los científicos reconocen la imprevisibilidad de la naturaleza y han tratado de encontrarle un sentido. Hasta los sucesos aparentemente más simples están gobernados por esta imprevisibilidad. ¿Cuándo y dónde aparecen las burbujas en una cacerola de agua hirviendo? ¿Qué patrones formará el humo de un cigarrillo encendido? ¿Cómo se relaciona la posición de las moléculas de agua que están en lo alto de una cascada con la que tendrán a la caída? Como afirma James Gleick en su libro *Chaos*, en lo que concierne a la física clásica, Dios bien pudo haber puesto todas esas moléculas de agua bajo la mesa y haberlas agitado personalmente.

La nueva ciencia del caos trata de predecir lo impredecible a través de intrincados modelos matemáticos. El ejemplo clásico es que una mariposa bate las alas en Texas y seis días después hay un tornado en Tokio. La conexión tal vez no sea evidente, pero existe. Ese pequeño cambio provocado por la mariposa en la presión del aire puede multiplicarse, magnificarse y producir un tornado, pero es imposible saberlo con precisión. Ésta es la razón por la que los meteorólogos parecen equivocarse con tanta frecuencia y por la que las predicciones, hechas con más de 48 horas de anticipación, parecen poco confiables. A pesar de ello, de todos los acontecimientos que hay en el mundo, el clima es el más predecible.

En el nivel espiritual, esto significa que jamás podremos saber a ciencia cierta qué rumbo tomará la vida, qué cambios pueden provocar en nuestro destino esos pequeños batimientos de intención y acción. Asimismo, nos dice que nunca podremos conocer plenamente la mente de Dios. Jamás comprenderemos cabalmente el cómo, el dónde ni el cuándo de nada, ni siquiera de algo tan simple como el agua hirviendo. Debemos rendirnos a la incertidumbre y apreciar su belleza.

Toda creatividad se basa en saltos cuánticos e incertidumbre. Las ideas verdaderamente novedosas surgen del sustrato colectivo de información en momentos especiales. Estas ideas no se originan en el afortunado individuo, sino en la conciencia colectiva. Por eso es frecuente que dos o más personas realicen descubrimientos científicos significativos al mismo tiempo. Las ideas circulan en el inconsciente colectivo y las mentes preparadas están listas para traducir esa información. Ésta es la naturaleza del genio; ser capaz de comprender lo conocible aun cuando nadie más reconozca que está ahí. En un momento, la innovación o la idea creativa no existe y al siguiente es parte de nuestro mundo consciente. Mientras tanto, ¿en dónde estuvo? En el ámbito virtual, en el nivel del espíritu universal donde todo es potencial. En ocasiones, este potencial genera algo previsible; otras, algo nuevo, pero en este reino ya existen todas las posibilidades.

Si nuestros cuerpos son tierra reciclada, nuestras emociones energía reciclada y nuestros pensamientos información reciclada, ¿qué es lo que nos hace individuales? ¿qué hay de la personalidad? La personalidad tampoco se origina con nosotros; se forma por la identificación selectiva con las situaciones y por las relaciones. Piensa en un amigo cercano. ¿Cómo lo defines? Generalmente lo hacemos a través de las personas de su vida: cónyuge, hijos, padres, o compañeros de trabajo. También describimos a las personas en el contexto de las situaciones de sus vidas: qué clase de trabajo realizan, dónde viven, cómo se divierten. Lo que llamamos personalidad se erige sobre un cimiento de relaciones y situaciones.

Entonces cabe preguntarse: si mi cuerpo, emociones, pensamientos y personalidad no son originales ni las he creado yo, ¿quién soy en realidad? De acuerdo con muchas tradiciones espirituales, una de las grandes verdades es que yo soy el otro. Sin el otro, no existiríamos. Tu alma es el reflejo de todas las almas. Imagina lo que implicaría tratar de comprender la compleja red de interacciones personales que te han hecho lo que eres hoy: toda tu familia y amigos, cada maestro y compañero de clase que has tenido, cada dependiente de cada tienda que has visitado, cada persona con la que has trabajado o con la que has tenido contacto en algún momento de tu vida. Luego, para comprender a todas esas personas y la influencia que pudieran haber ejercido en ti, tendrías que descubrir quiénes son ellos. Ahora tendrías que describir la red de relaciones de cada una de estas personas y la tuya. Al final descubrirías que tendrías que describir al Universo entero para definir a una sola persona. Por ello podemos decir que cada persona es el Universo entero. Tú eres el infinito visto desde un punto de vista específico y localizado. Tu alma es la parte de ti que es universal e individual al mismo tiempo, y es un reflejo de todas las demás almas.

Para definir de este modo al alma, es necesario comprender que tu alma es personal y universal al mismo tiempo, lo que tiene significados y consecuencias que rebasan tu experiencia personal de vida. El alma es el observador que interpreta y elige en una confluencia de relaciones. Éstas proveen los antecedentes, el escenario, los personajes y los acontecimientos que forjan la historia de nuestras vidas. Así como el alma se crea a través de relaciones y es un reflejo de todas ellas, la experiencia de vida se crea a partir del contexto y del significado.

Cuando digo contexto me refiero a todo aquello que nos rodea y permite comprender el significado de las palabras, los actos o los sucesos específicos. Por ejemplo, una palabra puede tener distintos significados en función de lo que la rodea, de su contexto. Si digo la palabra «hoja» fuera de contexto, tú no puedes saber si me refiero a una hoja de árbol o a una hoja de papel. Cuando decimos que alguien citó nuestras palabras fuera de contexto es porque se malentendió su significado, pues el contexto determina el significado de todo. El flujo de significados es el flujo de la vida. Nuestro contexto determina la manera en que interpretamos lo que sucede, momento a momento, y estas interpretaciones se convierten en nuestra experiencia.

Finalmente llegamos a una definición más completa del alma. *El alma es el observador que interpreta y elige con base en el karma; es también una confluencia de relaciones de la que surgen los contextos y los significados, y este flujo de contextos y significados es lo que da lugar a la experiencia.* Así pues, a través del alma creamos nuestras vidas.

Como veremos más adelante, la mejor manera de acercarse a la comprensión de la naturaleza dual del alma y de explorar el campo del potencial no circunscrito, es meditar. La meditación permite alcanzar el nivel del alma, al eliminar de la maraña de pensamientos y emociones que mantienen nuestra atención sujeta al mundo físico. Cuando cerramos los ojos para meditar, los pensamientos surgen de manera espontánea.

Sólo hay dos clases de pensamiento: recuerdos e imaginación. Sin embargo, como ya se dijo, estos pensamientos no se originan en nuestro cuerpo físico.

Realiza este pequeño experimento mental: piensa en la cena de anoche. ¿Puedes recordar qué cenaste? ¿A qué sabía la comida? ¿Qué conversaciones hubo a tu alrededor? Ahora bien, ¿dónde estaba esa información antes de que te preguntara? La cena ocurrió, pero la información sobre ella no existía sino como información potencial. Si un cirujano entrara a tu cerebro, no encontraría ningún rastro de información sobre lo que cenaste anoche. La memoria reside en el nivel del alma hasta que la evocamos. Una vez que decidimos recordar la cena, conscientemente, la actividad eléctrica y la liberación de sustancias químicas nos indican actividad plena del cerebro; pero el recuerdo no ocupaba un lugar en el cerebro, antes de que lo evocáramos. El simple hecho de formular una pregunta o de intentar recordar un suceso convierte un recuerdo virtual en un recuerdo real.

Lo mismo sucede con la imaginación. Un pensamiento no existe en la vida mental o física, hasta que surge del reino virtual. No obstante, la imaginación puede tener un efecto poderoso sobre la mente y el cuerpo. Un experimento mental común pero efectivo consiste en imaginar que partes un limón en rebanadas grandes, que pones una de éstas entre tus dientes y que muerdes la pulpa. Imagina cómo se derrama el jugo en tu boca cuando muerdes. Si eres como la mayoría de las personas, ese fugaz pensamiento provocó que secretaras saliva. Así es como el cuerpo te dice que cree lo que tu mente está diciéndole. Pero vuelvo a preguntar: ¿dónde estaba ese limón antes de que te pidiera que pensaras en él? Sólo existía en el nivel del potencial.

Así pues, la imaginación, la comprensión, la intuición, el significado, la intención, el propósito o la creatividad no tienen nada que ver con el cerebro. Éstos organizan su actividad a través de él, pero son cualidades del ámbito no circunscrito que están más allá del tiempo y el espacio. A pesar de ello, sentimos su impacto con fuerza. Una vez que entran en nuestra mente, tenemos que hacer algo con ellos y el resultado determina en parte la manera como nos definimos a nosotros mismos. Esto se debe a que tenemos mentes racionales y tendemos a crear historias alrededor de estos pensamientos. Si pensamos: «Mi esposo me ama», «mis hijos son felices» o «disfruto mi trabajo», creamos historias racionales alrededor de estos pensamientos y creamos un significado a partir de ellas. Luego las vivimos en el mundo físico. A esto llamamos vida diaria.

Estas historias derivan de las relaciones, contextos y significados evocados a través de la memoria, los cuales provienen del karma y la experiencia. Conforme vivimos estas historias, nos damos cuenta de que no son originales. Aunque los detalles varían de un individuo a otro, los temas y motivos son eternos, arquetipos básicos que se repiten incesantemente: héroes y villanos, pecado y redención, lo divino y lo diabólico, la lujuria prohibida y el amor incondicional. Éstos son los mismos temas que nos fascinan en las telenovelas, las columnas de chismes y los tabloides, donde se expresan de manera ligeramente exagerada. Nos fascinan porque en esas historias podemos identificar aspectos de nuestra alma. Son los mismos arquetipos que se representan de manera exagerada en las mitologías; ya sea que analicemos la mitología hindú, griega o egipcia, encontraremos los mismos temas y motivos. Estas historias son más convincentes y dramáticas que la ficción, porque resuenan en nuestras almas.

Ahora podemos pulir todavía más nuestra definición de alma. *El alma es la confluencia de significados, contextos, relaciones e historias míticas o temas arquetípicos que dan lugar a los pensamientos, recuerdos y deseos cotidianos (condicionados por el karma) que crean las historias en las que participamos.*

En casi todos, la participación en estas historias se da de manera automática, inconsciente. Vivimos como actores que reciben sólo una línea a la vez, que actúan sin comprender la historia completa. Sin embargo, cuando nos ponemos en contacto con nuestra alma podemos contemplar todo el guión. Comprendemos. Seguimos participando en la historia, pero ahora lo hacemos con jovialidad, conciencia y plenitud. Podemos tomar decisiones basadas en el conocimiento y nacidas de la libertad. Cada momento adquiere mayor profundidad, pues comprendemos cuál es su significado en el contexto de nuestra vida.

Sin embargo, lo más emocionante es que podemos reescribir la obra y modificar los personajes con la intención de aprovechar las oportunidades que ofrecen las coincidencias y de adherirnos al llamado de nuestra alma.

4

La intención

Todo niño que conozca la historia de Aladino sueña con encontrar una lámpara maravillosa de la que surja un genio capaz de concederle cualquier deseo. Como adultos sabemos que no existen lámparas ni genios tales, lo que deja al deseo encerrado en el interior de cada quien. Pero ¿qué pasaría si los deseos pudieran hacerse realidad? ¿Qué desearías para ti? ¿Qué satisfacería tus necesidades en el nivel más profundo y básico? ¿Qué permitiría a tu alma cumplir con su destino?

Todo lo que ocurre en el Universo se origina con la intención. Ya sea que quiera mover los dedos de mis pies, comprar un regalo de cumpleaños para mi esposa, beber una taza de café o escribir este libro, todo comienza con la intención. Esta intención surge siempre de la mente no circunscrita o universal, pero se localiza en la mente individual. Una vez localizada, se convierte en realidad física.

De hecho, si no fuera por la intención, la realidad física no existiría. La intención activa la correlación no circunscrita y sincronizada del cerebro. Siempre que hay una cognición o percepción de la realidad física, las distintas regiones del cerebro muestran una «sincronía de fase y frecuencia», en los patrones que activan las neuronas individuales en diferentes partes del cerebro. Ésta es una sincronización circunscrita de una frecuencia de alrededor de 40 hertz (40 ciclos por segundo). También se le conoce como vinculación y es necesaria para la cognición. Sin ésta no veríamos a las personas como personas, a las casas como casas, a los árboles como árboles o a los rostros de las fotografías como rostros. Veríamos puntos en blanco y negro, líneas dispersas, manchas de luz y sombra. De hecho, los objetos de la percepción sólo son detectados como señales electromagnéticas que se encienden o apagan. La sincronización organizada por la intención convierte los puntos, las líneas dispersas, las descargas eléctricas y los patrones de luz y sombra en un todo, en una *gestalt* que crea una imagen del mundo como una experiencia subjetiva. El mundo no existe como imagen sino como impulsos que se encienden y apagan; estos puntos son códigos digitales que se activan de manera aparentemente aleatoria. La sincronización los organiza y los convierte en una experiencia cerebral, en un sonido, una textura, una forma, un sabor o un olor a través de la intención. Tú, como inteligencia no circunscrita, rotulas esa experiencia y de pronto se crea un objeto material en la conciencia subjetiva.

El mundo es como un manchón de Rorschach, al que convertimos en un mundo de objetos materiales a través de la sincronización orquestada por la intención. El mundo, antes de ser observado, y el sistema nervioso, antes del deseo o la intención de observar algo, existen como un campo de actividades caótico, dinámico y no lineal, que permanece en un estado de desequilibrio (actividad inestable). La intención organiza sincrónicamente estas actividades aparentemente disímbolas, caóticas y carentes de relación del universo no circunscrito; las convierte en un sistema altamente ordenado, autoorganizado y dinámico que se manifiesta de manera simultánea como un mundo observado y como un sistema nervioso a través del cual ese mundo es observado. La intención no surge del sistema nervioso, pero se organiza en él. Sin embargo, la intención es responsable de otras cosas además de la cognición y la percepción. Todo aprendizaje, recuerdo, razonamiento, inferencia y actividad motora están precedidos por la intención. La intención es la base misma de la creación.

El antiguo texto védico conocido como *Upanishad* afirma: «Tú eres lo que tu deseo más profundo es. Como es tu deseo, es tu intención. Como es tu intención, es tu voluntad. Como es tu voluntad, son tus actos. Como son tus actos, es tu destino». Nuestro destino proviene en última instancia de los niveles más profundos del deseo y también del nivel más profundo de la intención. Ambos están íntimamente vinculados.

¿Qué es la intención? Generalmente se cree que es un pensamiento sobre algo que quieres lograr u obtener en tu vida, pero es más que eso. La intención es una forma de satisfacer una necesidad, ya sea de objetos materiales, de una relación, de realización espiritual o de amor. La intención es un pensamiento que te ayuda a satisfacer una necesidad, y lo lógico es que una vez que la hayas satisfecho, te sientas feliz.

Desde este punto de vista, la finalidad de todas nuestras intenciones es sentirnos felices o realizados. Si se nos preguntara qué queremos, tal vez contestaríamos «quiero más dinero». Si nos preguntaran por qué, diríamos algo como «bueno, así podría pasar más tiempo con mis hijos».

Si nos preguntaran por qué queremos pasar más tiempo con nuestros hijos, podríamos decir: «Porque así sería feliz». Esto muestra que el fin último de todos nuestros objetivos, es esa realización en el nivel espiritual a la que llamamos felicidad, dicha o amor.

Toda la actividad del Universo tiene su origen en la intención. De acuerdo con la tradición védica, «la intención es una fuerza de la naturaleza». La intención mantiene el equilibrio de todos los elementos y las fuerzas que permiten al Universo seguir evolucionando.

La intención incluso orquesta la creatividad. Ésta tiene lugar en el nivel individual pero también ocurre universalmente, esto permite que el mundo dé saltos cuánticos en su evolución, periódicamente. En última instancia, cuando morimos el alma da un salto cuántico en la creatividad. En efecto, el alma dice: «Ahora debo expresarme a través de un nuevo organismo o encarnación». Así pues, la intención proviene del alma universal, se localiza en un alma individual y finalmente se expresa a través de una mente individual, circunscrita.

A partir de las experiencias pasadas creamos los recuerdos, que son la base de la imaginación y el deseo, y como hemos visto, el deseo es la base de la acción. El ciclo se perpetúa a sí mismo. En la tradición védica y el budismo este ciclo recibe el nombre de Rueda de Samsara, base de la existencia terrenal. El «yo» no circunscrito se convierte en el «yo» circunscrito, cuando atraviesa este proceso kármico.

Cuando la intención se repite, crea un hábito. Mientras más se repita la intención, más probable es que la conciencia universal dé lugar al mismo patrón y manifieste la intención en el mundo físico. Si recuerdas el apartado sobre física, una onda-partícula que está dentro de una caja no observada es, simultáneamente, una onda y una partícula, y adopta una forma definitiva sólo hasta que es observada; comprenderás que en el momento de la observación, la probabilidad se transmuta en forma definida. Ésta es la misma idea, sólo que cuando la intención se repite, es más probable que el patrón de la mente no circunscrita se transmute siguiendo tu intención, y se manifieste como una realidad física. Esto crea la ilusión de lo fácil y lo difícil, de lo posible y lo imposible. Por ello, si realmente quieres trascender lo mundano debes aprender a pensar y a soñar lo imposible. Sólo con los pensamientos repetidos lo imposible puede hacerse posible, por medio de la intención de la mente no circunscrita.

La mente no circunscrita que está en ti es la misma que está en mí, o para el caso, en un rinoceronte, una jirafa, un ave o un gusano. Hasta las piedras tienen inteligencia no circunscrita. Esta mente no circunscrita, esta conciencia pura, es lo que nos da el sentido del «yo», el «yo» que dice, «soy Deepak», «soy un ave», el «yo» que dice quién eres o quién crees que eres. Esta conciencia universal es el único «yo» que existe. Pero ese «yo» único y universal experimenta un proceso de diferenciación; se transforma en un número casi infinito de observadores y observados, espectadores y escenarios, formas orgánicas e inorgánicas, todos los seres y objetos que conforman el mundo físico. Este hábito de la conciencia universal de diferenciarse en conciencias particulares es anterior a la interpretación. Por lo tanto, antes de que el «yo soy» diga «soy Deepak», o jirafa, o gusano, es simplemente «yo soy». El potencial creativo infinito del «yo» organiza el «yo» comunal y lo transforma en el «yo» que eres tú, o yo, o cualquier otra cosa que haya en el Universo.

Éste es el mismo concepto de los dos niveles del alma, el universal y el individual, pero trasladado a un contexto personal. Como seres humanos estamos acostumbrados a pensar en nuestro ser individual como «yo», sin notar o apreciar el «yo» más grande y universal al que llamamos alma universal. La palabra «yo» es simplemente un ingenioso punto de referencia que utilizamos para localizar nuestro punto de vista único en el alma universal. Sin embargo, cuando nos definimos sólo como un «yo» individual, perdemos la capacidad de imaginar más allá de los límites de lo que tradicionalmente se considera como posible. No es que en el «yo» universal todo sea posible; es que ya existe, y lo único que necesita para transformarse en una realidad en el mundo físico es la intención.

Las diferencias entre el «yo» individual o mente circunscrita y el «yo» universal o mente no circunscrita pueden verse claramente en el cuadro que se localiza en la siguiente página.

La diferencia entre la mente circunscrita y la no circunscrita es la que hay entre lo ordinario y lo extraordinario. La mente circunscrita es personal e individual para cada uno de nosotros. Es la que sostiene nuestro ego, el «yo» autodefinido que va por el mundo y que está esclavizado a los hábitos condicionados. Por su misma naturaleza, la mente circunscrita nos separa del resto de la creación. Establece divisiones sólidas que nos sentimos obligados a defender, aun cuando esto implique aislarnos de significados más profundos y conexiones dichosas que resultan de sentirnos parte de lo universal.

Mente circunscrita	Mente no circunscrita
1. mente del ego	1. espíritu
2. mente individual	2. alma
3. conciencia individual	3. conciencia universal
4. conciencia condicionada	4. conciencia pura
5. lineal	5. sincrónica
6. actúa en el tiempo, el espacio y la causalidad	6. actúa fuera del espacio, el tiempo y la causalidad
7. confinada a la temporalidad y limitada	7. intemporal e infinita
8. racional	8. intuitiva/creativa
9. condicionada a pensamientos y comportamientos habituales, forjada por las experiencias individuales y colectivas	9. no condicionada, infinitamente correlacionada, infinitamente creativa
10. divide	10. une
11. diálogo interno: esto soy yo y esto es mío	11. diálogo interno: todo esto es yo y todo esto es mío
12. dominada por el temor	12. dominada por el amor
13. requiere energía	13. funciona sin energía
14. necesita aprobación	14. inmune a la crítica y a la adulación
15. interpreta el «yo» que está en el observador como algo distinto del «yo» que está en lo observado	15. sabe que el «yo» del observador y lo observado es el mismo

Mente circunscrita	Mente no circunscrita
16. piensa en términos de causa y efecto	16. observa una interconexión no causal, una correlación interdependiente
17. algorítmica	17. no algorítmica
18. continua	18. discontinua
19. consciente	19. supra-consciente
20. activa cuando los sentidos están activos porque la experiencia sensorial está circunscrita	20. siempre activa, pero más accesible para sí misma cuando los sentidos han sido suspendidos o desplazados, por ejemplo al dormir, durante los sueños, la meditación, el sopor, el trance, la oración
21. se expresa a través del sistema nervioso intencionado (elección individual)	21. se expresa a través de los sistemas autónomo y endócrino, y aún más importante, a través de la sincronización de estos sistemas (también a través de la sincronización de lo particular y lo universal, del microcosmos y el macrocosmos)

La mente circunscrita es lenta, agotadora y racional, y carece de imaginación o creatividad. Requiere atención y aprobación constantes, por lo que tiende a sentir temor, desazón y dolor.

Por su parte, la mente no circunscrita es alma o espíritu puro, es la conciencia universal. Actúa más allá de los límites del espacio y el tiempo, y es la gran fuerza organizadora y unificadora del Universo, de alcance y duración infinita. Por naturaleza, el alma no circunscrita se vincula con todas las cosas porque es todas las cosas. No requiere atención, energía ni aprobación; es completa en sí misma, por lo que atrae el amor y la aceptación. Es inminentemente creativa, la fuente de la que fluye toda la creación. Nos permite imaginar más allá de los límites de lo que la mente circunscrita considera posible, pensar sin restricciones y creer en milagros.

Los saltos creativos dados por la mente no circunscrita, han sido confirmados por la ciencia. Los huecos en los registros de fósiles sugieren saltos creativos de imaginación por parte de la naturaleza, hipótesis conocida como equilibrio discontinuo. Por ejemplo, existen antiguos fósiles de anfibios y aves, pero no de criaturas que los vinculen entre sí. Esto sugiere un salto cuántico de imaginación; los anfibios quisieron aprender a volar y las aves fueron resultado de esa intención. Los científicos creen que los humanos evolucionaron de los primates, pero no hay registro de fósiles de la fase intermedia, el eslabón perdido. Primero había sólo primates y de repente aparecieron los humanos. ¿Qué hubo en medio? Nada.

Estos constantes saltos de imaginación dan lugar a lo que nosotros vemos como el Universo. A lo largo de nuestra vida hemos visto el desarrollo de la televisión, el Internet, el correo electrónico, la tecnología nuclear y la exploración del espacio. Lo que nos guía es la imaginación, y aunque ésta es propiedad de la conciencia universal, todas estas expresiones circunscritas la condicionan. Los seres humanos tenemos la capacidad de ir más allá. Con la mente circunscrita —el «yo» circunscrito— tomamos decisiones por medio de la intención; y la mente no circunscrita —el «yo» no circunscrito— se encarga sincrónicamente de los detalles para satisfacer la intención. Así es como los sueños se vuelven realidad.

Déjame explicártelo con un ejemplo. El «yo» circunscrito, que es Deepak, quiere sentirse bien a través del ejercicio y perder peso. Así pues, Deepak, el «yo» circunscrito, corre todos los días en la caminadora o en la playa. El «yo» no circunscrito de Deepak hace esto posible al hacer que el cuerpo de Deepak realice muchas funciones simultáneamente: el corazón tiene que latir más rápido y bombear más sangre, los tejidos tienen que consumir más oxígeno, los pulmones tienen que respirar más rápida y profundamente, y el azúcar, que es el combustible del organismo, tiene que quemarse rápidamente y convertirse en bióxido de carbono y agua para que se genere energía. Si el abastecimiento de combustible disminuye, hay que secretar insulina para que el glucógeno almacenado en el hígado se use como combustible. Las células inmunológicas tienen que ser estimuladas para que el cuerpo pueda resistir las infecciones que hay en el entorno mientras corro. Ésta es una lista abreviada de las cosas que deben ocurrir simultánea y sincrónicamente para que mi intención de correr se cumpla. De hecho, hay trillones y trillones de actividades que deben ocurrir de manera no circunscrita, simultáneamente, para que Deepak disfrute del acto de correr.

Como vemos, la operación del cuerpo está siendo organizada por la mente no circunscrita, y mientras todas estas actividades están siendo sincronizadas, Deepak disfruta su carrera. No le preocupa si su corazón bombea la cantidad adecuada de sangre o si su hígado se olvida de metabolizar el glucógeno para convertirlo en azúcar. Eso corresponde a la inteligencia no circunscrita. El «yo» circunscrito se propone algo, y el «yo» no circunscrito organiza sincrónicamente todos los detalles.

No obstante, el «yo» circunscrito no siempre coopera y a veces toma malas decisiones. Imagina a un hombre llamado Jim Smith. Está en una fiesta, y el Jim Smith circunscrito dice: «Me estoy divirtiendo en esta fiesta». Le da un sorbo a su champaña, se relaja y hace algunas nuevas amistades. El Jim Smith no circunscrito también está divirtiéndose en la fiesta, conectándose y disfrutando el momento. Pero ¿qué pasaría si el «yo» circunscrito dijera: «Me estoy divirtiendo de lo lindo»? Quizá bebería más y se embriagaría. Emborracharse es una forma de desconectarse, y el «yo» no circunscrito informa al «yo» circunscrito que esa decisión tiene un precio. El «yo» no circunscrito le proporciona al «yo» circunscrito un dolor de cabeza y una resaca a la mañana siguiente. Ésta es su manera de comunicarse con el «yo» circunscrito, de decirle: «Si abusas de ti mismo, te sentirás mal».

El «yo» circunscrito enfrentará repercusiones más graves si ignora los esfuerzos del «yo» no circunscrito por disuadirlo de tomar esa decisión. Por ejemplo, si el «yo» circunscrito ignora ese mensaje y se embriaga todos los días, el Jim Smith circunscrito puede quedarse sin empleo, perder sus ingresos, deteriorar sus relaciones familiares y quizá enfermar de cirrosis y, finalmente, morir. ¿Por qué? Porque la decisión de beber no actuaba a favor del Jim Smith circunscrito y del no circunscrito. No era una intención pura, pues el «yo» circunscrito la había deformado; había cambiado de forma al trasladarse de la mente no circunscrita a la circunscrita. Una intención sólo puede cumplirse sincrónicamente si satisface las necesidades tanto del «yo» circunscrito como del no circunscrito. La intención no circunscrita siempre apunta a la evolución y, por lo tanto, se orienta a las interacciones armoniosas que actúan en favor del bien mayor.

La intención siempre se origina en el ámbito universal. La intención universal es, en última instancia, la que cumple la intención circunscrita, siempre y cuando favorezca las necesidades de la mente circunscrita (yo) y la mente no circunscrita (el espíritu universal). Sólo entonces las mentes circunscrita y no circunscrita cooperarán. Sin embargo, hay un factor que complica las cosas. Existen billones de seres humanos y trillones de otros seres en el planeta, cada uno con intenciones circunscritas. Digamos que voy a ofrecer una fiesta y planeo hornear montones de pasteles de todos tamaños. Para ello he comprado azúcar, harina y todos los demás ingredientes necesarios. Todo esto lo almaceno en mi despensa y así atraigo a hormigas y ratones que intentan comerse el azúcar y el harina. Cuando descubro la actividad de los ratones, compro ratoneras e insecticida. Algunos ratones mueren; las bacterias los invaden y empiezan a degradar sus cuerpos.

Si analizamos con más detalle esta situación, encontraremos una conspiración de sucesos relacionados. Cada uno dio lugar a todos los demás. Para que este drama pudiera ocurrir tuvo que cultivarse trigo y caña de azúcar. Eso implica granjas, granjeros, lluvias, sol, tractores, consumidores, minoristas, mayoristas, transportistas, ferrocarriles, mercados financieros, tiendas de comestibles y empleados, inversionistas, insecticidas, plantas químicas, conocimientos de química, etcétera. El número de mentes individuales circunscritas que participa es enorme.

Cabe entonces preguntar: ¿Quién influye en quién? ¿De quién es la intención que da lugar a estos acontecimientos? La mía fue hornear pasteles. ¿Es mi intención influir en el comportamiento del planeta entero, en los granjeros, el mercado de valores y los precios del trigo, sin mencionar el comportamiento de las hormigas y los ratones en mi alacena, y la actividad de otros elementos y fuerzas del Universo? ¿Era mi intención de servir pasteles la única en la que el Universo entero debía cooperar? Un ratón —suponiendo que pudiera reflexionar sobre su intención— podría creer que la responsable de esta serie de acontecimientos había sido la suya, desde la actividad de los comerciantes de grano y las condiciones del clima, hasta mi decisión de hornear pasteles.

De hecho, las bacterias bien podrían creer que su intención había organizado la actividad de todo el Universo, incluyendo mi decisión de comprar el veneno que les proporcionó las proteínas que habrían de consumir.

Las cosas pueden ser muy confusas cuando empezamos a preguntarnos de quién fue la intención que dio lugar a determinado acontecimiento.

¿De quién es la intención que está creando toda esta actividad? En la realidad más profunda, el «yo» que organiza todos estos sucesos es el «yo» no circunscrito, universal. Esta fuerza ordenadora coordina y sincroniza simultáneamente un número infinito de acontecimientos. La mente no circunscrita vuelve constantemente a sí misma, y se renueva y renueva su creatividad, de manera que lo viejo nunca se queda estancado, sino que nace de nuevo y a cada momento. Aunque la intención proviene del «yo» circunscrito e individual, desde mi perspectiva y la del gato, el ratón, las hormigas, las bacterias y las personas que van a asistir a la fiesta, pareciera que se trata de la intención de un «yo» personal. En cada lugar, cada organismo podría estar pensando: «¡Es mi intención!». Todos y cada uno creen que su «yo» circunscrito personal es el que está haciendo algo; no obstante, en un panorama más amplio, todas estas mentes circunscritas diferentes dan lugar y crean a cada una de las demás, a través de la intención de la mente no circunscrita. Los árboles deben respirar para que yo pueda hacerlo. Los ríos deben correr para que mi sangre pueda circular. Al fin y al cabo sólo hay un «yo», exuberante, abundante, eterno, rítmico e indivisible. Todas las divisiones son ilusorias. El «yo» circunscrito sólo alcanza la realización como «yo» no circunscrito cuando ambos se conectan. Entonces empezamos a percibir que sólo existe un «yo» universal, y cuando nos conectamos empezamos a experimentar confianza, amor, perdón, gratitud, compasión, rendición,

el no hacer. Así funciona la oración. Alfred Lord Tennyson, el gran poeta, dijo una vez: «La oración provoca más cosas de las que soñamos». Pero no se trata de una oración producto de una intención forzada; es la delicadeza, la sincronía, la rendición, la gratitud, la confianza, el amor y la compasión lo que me permiten, a mí, el «yo» circunscrito, experimentar y convertirme en el «yo» no circunscrito.

Estamos tan atados a nuestro «yo» circunscrito, individual y personal que quedamos ciegos ante la magnificencia que está más allá de éste. La ignorancia es conciencia restringida. Para notar algo hay que ignorar todo lo demás. Así es como lo no circunscrito se vuelve circunscrito. Cuando noto algo, ignoro todo aquello que lo rodea pero que contribuye a su existencia y, por lo tanto, forma parte de él. Cuando el «yo» que es mi ego observa, sólo ve lo particular e ignora lo universal. Pero cuando el «yo» espiritual observa, puede ver el flujo del Universo que hace posible lo particular.

Esta interconexión, esta indivisibilidad, es lo que hace que la vida no sólo sea posible, sino milagrosa. El mar de interrelaciones se convierte en olas individuales que estallan en gotas espumosas que brillan como diamantes y se reflejan unas a otras sólo para volver a hundirse en las profundidades del océano. Sólo existe un momento eterno —amor, espíritu o conciencia eterna— que constantemente se convierte en observador y en observado. Nosotros somos esas gotas cristalinas; cada uno hermoso y único por un momento, cada uno parte del otro, cada uno reflejando al otro. Todos provenimos del amor, espíritu o conciencia eterna; somos una figuración del «yo» universal. Aunque la interpretación, la memoria y los hábitos crean la ilusión de familiaridad o identidad de nuestra continuidad, minuto a minuto, en realidad hay posibilidades infinitas en nuestra esencia; posibilidades que sólo necesitan la intención para hacerse realidad.

La intención orquesta posibilidades infinitas. Tal vez te preguntes qué clase de intención es la ideal. ¿Qué pedirías si tu intención pudiera cumplirse en este momento? Si tu intención es un deseo meramente personal y se orienta a la gratificación individual, los «yoes» circunscrito y no circunscrito pueden perder sincronización. ¿Cuántas veces has oído a las personas decir que quieren ganar la lotería? Eso puede ocurrir, pero sólo si la satisfacción de esa intención te favorece a ti tanto como al propósito mayor. Tal vez te digas: «Quiero ganar la lotería para comprarme un nuevo BMW». Hasta esa intención favorece a muchas personas: a ti, al fabricante del auto, a sus empleados, a los inversionistas y a la economía. Sin embargo, no es una intención tan poderosa como la de alguien como la Madre Teresa, porque su deseo de reunir dinero era resultado del deseo de satisfacer a otros, de dar y recibir en un nivel más profundo en favor de la gran cadena del ser. Cuando la intención de la mente no circunscrita está apoyada por la mente circunscrita, es holística y por tanto más eficaz.

Podemos preguntarnos a propósito de cada una de nuestras intenciones: «¿Cómo me beneficiará y cómo beneficiará a todos con quienes tengo contacto?». Si la respuesta es que provocará dicha y satisfacción auténticas en mí y en todos aquellos en quienes influyen mis actos, entonces mi intención, junto con la rendición a la mente no circunscrita, organiza su propio cumplimiento. Existen tácticas para descubrir la intención pura y auténtica que constituye el destino de tu vida, mismas que trataremos más adelante. Sin embargo, lo esencial es partir de un lugar de conciencia sosegada y afianzada, crear una intención apropiada en el corazón y dejar que el «yo» circunscrito se funda con el «yo» no circunscrito para permitir que la voluntad de Dios se cumpla a través de uno. He enseñado esta técnica a miles de personas que me han comentado que les funciona tan bien como a mí.

Parte de la dificultad es concebir una intención que no interfiera con la intención universal. Los científicos intentaron introducir el «arroz de oro» en algunos países en vías de desarrollo, que padecen escasez de alimentos; una variedad creada por la ingeniería genética que contiene insecticidas naturales que permiten al arroz crecer en abundancia. Sin embargo, hubo algunos problemas. El arroz creado por la ingeniería genética no posee los aromas naturales que atraen a varios insectos importantes en la manutención y propagación de la cadena alimenticia. Los ecologistas temen que este arroz perturbe el ecosistema local y que, en última instancia, trastorne el clima; esto podría acarrear terribles consecuencias para todo el planeta. La conciencia estrecha o circunscrita —que observa sólo la situación particular— intenta resolverla de manera circunscrita; la conciencia expandida, el «yo» no circunscrito, observa las relaciones, las aves, las abejas, las ardillas, las marmotas y el clima (debe haber una determinada población de árboles, flora y fauna para permitir cierto tipo de clima). Una buena intención puede resultar contraproducente si se ignora la intención del «yo» no circunscrito. Los intrincados vínculos de interconexión no sólo requieren desinterés; también necesitan coordinación con los demás «yoes» individuales que provienen del «yo» universal.

La intención no puede ser forzada, obligada ni presionada. Piensa que es como atrapar pompas de jabón en el aire: es una empresa delicada que no puede apresurarse ni forzarse. Lo mismo pasa con la meditación o el sueño. Uno no puede *intentar* meditar o dormir. Estas actividades requieren soltarse y mientras más nos esforcemos, menos éxito tendremos. La meditación ocurre; el sueño ocurre. Es igual con la intención; mientras menos interfiramos con ella, más comprobaremos que posee su propio poder organizador infinito. La intención tiene en sí los mecanismos para su propio cumplimiento, tal como una semilla contiene todo lo que necesita para convertirse en el árbol, la flor y el fruto. No tengo que hacer nada con esa semilla; simplemente debo sembrarla y regarla. Ella creará todo por sí misma, sin que yo intervenga.

La intención es una semilla en la conciencia o espíritu. Si le prestas atención comprobarás que tiene en sí los medios para lograr su propio cumplimiento. El poder organizador infinito de la intención orquesta innumerables detalles en forma simultánea.

La intención genera coincidencias; ésta es la razón por la que, cuando pensamos en algo, ocurre. La intención es la razón por la cual algunas personas tienen remisiones espontáneas o se curan solas. La intención organiza toda la creatividad del Universo; nosotros, como seres humanos, somos capaces de crear cambios positivos en nuestra vida a través de la intención. ¿Por qué entonces perdemos esa habilidad? La habilidad se pierde cuando la imagen de uno mismo eclipsa al ser, cuando sacrificamos nuestro ser verdadero a favor del ego.

La conciencia de que «yo» soy algo distinto a «tú», tiene lugar alrededor de los dos o tres años de edad. A esta edad, el bebé empieza a diferenciar entre «yo» y «mío», y entre «no yo» y «no mío». Esta distinción provoca ansiedad. En realidad, el mundo no es algo distinto a nosotros, sino parte del continuo de la conciencia. La intención funciona aprovechando las fuerzas creativas inherentes al Universo. Así como tenemos nuestra creatividad personal, el Universo también manifiesta creatividad.

El Universo está vivo y consciente, y responde a nuestras intenciones cuando mantenemos la relación íntima con él y lo vemos no como algo separado, sino como una prolongación de nuestro cuerpo.

El poder de la intención puede restaurarse a través del regreso al ser verdadero, de la activación del ser. Quienes logran lo anterior, restablecen su conexión con la mente no circunscrita; no sienten deseos de manipular ni controlar a los demás; se mantienen al margen de la crítica y la adulación, no se sienten inferiores a nadie, pero tampoco superiores; están en contacto con el punto de referencia interno que es su alma y no con su ego. La ansiedad deja de ser un problema —pues ésta emana de la necesidad del ego de protegerse—, y esa ansiedad es lo que interfiere con lo espontáneo de la intención. La intención es el mecanismo por el que el espíritu se transforma en realidad material.

La espiritualidad madura requiere sensatez de conciencia. Si eres sensato, eres sensible a la retroalimentación y, al mismo tiempo, inmune a la crítica y la adulación; aprendes a soltarte y dejas de preocuparte por los resultados; tienes confianza en el desenlace y empiezas a percibir la sincronicidad que se organiza en forma permanente, a tu alrededor. La intención proporciona oportunidades para las que debes mantenerte alerta. La buena suerte sucede cuando la oportunidad y la preparación coinciden. La intención te ofrecerá las oportunidades, pero debes actuar cuando eso ocurra.

Siempre que actúes, hazlo con la actitud de que no eres tú quien realiza la acción, de que tus acciones son en realidad las de la inteligencia no circunscrita, del espíritu universal organizador. Empezarás a notar una gran disminución de ansiedad y te sentirás menos preocupado por los resultados. El estrés es una forma de ansiedad. Si estás estresado, olvídate de la sincronicidad. La sincronicidad es un medio para ponernos en contacto con Dios; es el sendero hacia el significado y el propósito de la vida; es un medio para experimentar el amor y la compasión; es un medio para conectarse con la inteligencia no circunscrita del Universo. Si mi atención está puesta en situaciones que generan estrés, será difícil que tenga acceso a la sincronicidad. Para hacerlo con efectividad debes tener una actitud de rendición al ámbito universal, el cual es mucho más grande que cualquier cosa que puedas imaginar. La rendición requiere dar un salto de fe, un salto a lo desconocido. Tu diálogo interno puede reforzarlo diciendo: «Las cosas no me están saliendo como quisiera. Abandonaré mi idea de cómo deben ser. Mi sentido de "yo" y "mío" debe expandirse». Si das este salto de fe serás recompensado en abundancia. Si te sorprendes preocupándote por las cuentas del mes próximo, lo apropiado sería recordar que tu intención no es únicamente satisfacer tus necesidades, sino también mandar a tus hijos a la escuela, contribuir en tu comunidad. Todos queremos satisfacer nuestras necesidades; sin embargo, una vez que hayas expresado tu intención de satisfacerlas, llévalas a la mente infinita diciendo: «Pongo todo esto en tus manos. No voy a preocuparme porque tú, la inteligencia no circunscrita que reside en mí, te encargarás de ello».

Los grandes artistas plásticos, jazzistas, escritores y científicos afirman que cuando crean necesitan trascender sus identidades individuales. He trabajado con muchos músicos y compositores, y nunca he conocido a ninguno que piense en las regalías mientras escribe una canción. Una canción o una pieza musical nueva implica soltarse, dejar incubar en el ámbito no circunscrito y permitir que la música o la canción venga a ti. Todos los procesos creativos se apoyan en una etapa de incubación y consentimiento. La sincronización es un proceso creativo, pero en este caso la mente creativa es el cosmos. Cuando la preocupación por uno desaparece, la inteligencia no circunscrita hace su aparición.

Recuerda: tus pensamientos no deben estar en conflicto con los propósitos del Universo. El deseo de ganar la lotería puede incrementar tu sensación de estar separado del Universo. Personas que han ganado la lotería afirman frecuentemente que se sintieron alejados de sus familiares y amigos y que no obtuvieron más felicidad. El deseo de dinero por el dinero provoca enajenación.

¿Cómo podemos saber cuáles de nuestras intenciones es probable que se cumplan? La respuesta reside en prestar atención a las pistas que ofrece la mente no circunscrita. Toma conciencia de las coincidencias que ocurren en tu vida. Las coincidencias son mensajes. Son pistas provenientes de Dios, espíritu o realidad no circunscrita, que te instan a liberarte de tu condicionamiento kármico, de los patrones habituales de pensamiento. Te ofrecen una oportunidad de acceder a un ámbito de conciencia en donde te sientes amado y cuidado por la inteligencia infinita de la que emanas. Las tradiciones espirituales llaman a esto estado de gracia.

5

La función de las coincidencias

Decir que las coincidencias son mensajes codifica-
dos provenientes de la inteligencia no circunscrita, plan-
tea a la vida como una novela de misterio. Presta atención, busca pistas, descifra su significado y, al final, la
verdad será revelada. En muchos sentidos, eso es exactamente lo que pasa. Después de todo, la vida es el misterio más grande.

Lo que hace que la vida sea misteriosa es que nuestro destino parece estar oculto para nosotros; sólo al final de la existencia estaremos en posición de mirar hacia
atrás y ver el camino recorrido. En retrospectiva, la historia de nuestra vida parece perfectamente lógica. Es fácil seguir el hilo de continuidad alrededor del cual hemos trenzado nuestras experiencias. Incluso ahora, en
cualquier punto que te encuentres de tu vida, puedes mirar hacia atrás y ver con cuánta naturalidad ha fluido tu
vida de un hito a otro, de un lugar o empleo a otro, de un
conjunto de circunstancias a otro completamente diferente. Observa cuán sencillo pudo haber sido para ti, de
haber sabido hacia dónde conducía tu camino. La mayoría se pregunta: «¿Por qué me preocupaba tanto? ¿Por
qué fui tan duro conmigo, con mis hijos?».

Si pudiéramos vivir en el nivel de la mente todo el tiempo no necesitaríamos esperar a ver en retrospectiva para conocer las grandes verdades de la vida. Las sabríamos de antemano. Participaríamos en la creación de la aventura de nuestra vida. El camino sería evidente y no necesitaríamos señales, pistas ni coincidencias.

Sin embargo, la mayoría no vive en el nivel del alma. Por eso, lo único que puede mostrarnos la voluntad del Universo son las coincidencias. Todos hemos experimentado coincidencias en nuestra vida. La palabra misma describe perfectamente su significado: «co» significa con; «incidencia» significa suceso. Así pues, las *coincidencias* son sucesos que ocurren *con* otros acontecimientos, dos o más sucesos que pasan al mismo tiempo. Como la experiencia de la coincidencia es universal, la mayoría tendemos a restarle importancia. Son momentos extraños de la vida que nos maravillan y olvidamos al poco tiempo.

Las coincidencias son mucho más que una fuente de diversión. Una coincidencia es una pista que nos indica la intención del espíritu universal y, como tal, es rica en significados. Algunas personas utilizan la frase «coincidencia significativa», al hablar de sucesos que ocurren al mismo tiempo y que tienen algún significado especial para quien los experimenta. Sin embargo, creo que la frase «coincidencia significativa» es redundante, pues todas las coincidencias lo son. Si no fuera así, no existirían. El hecho mismo de que ocurran ya es significativo, sólo que a veces somos capaces de entender su significado y otras no.

¿Qué significan las coincidencias? La parte más profunda de tu ser lo sabe, pero hay que atraer ese conocimiento a la superficie. El significado no proviene de la coincidencia misma sino de ti, de la persona que la experimenta. De hecho, sin nuestra participación, ningún suceso tendría significado, el Universo entero carecería de significado. Somos nosotros quienes damos significado a los acontecimientos y lo hacemos a través de la intención. Las coincidencias son mensajes del ámbito no circunscrito que nos indican cómo actuar para hacer que nuestros sueños —intenciones— se manifiesten. Así pues, primero debes tener una intención y entonces ponerte en contacto con tu ser espiritual. Sólo entonces podrás utilizar las coincidencias para satisfacer tus intenciones.

Tener una intención es fácil, tan fácil como formular un deseo. Ser más espiritual es difícil. Muchas personas que se creen espirituales no se han sumergido aún en el vasto océano de la fuerza espiritual; más bien, nadan en la superficie alejadas de las profundidades de la experiencia universal.

Milagros en el mundo real

Los milagros son un fenómeno real. En todas las tradiciones se habla de milagros, pero cada una utiliza un lenguaje diferente. Decimos que un suceso es milagroso cuando el resultado deseado se manifiesta de manera sorprendente: queremos sanar de una terrible enfermedad, adquirir riquezas materiales o hallar nuestro objetivo. Cuando esto sucede, decimos que es milagroso. Alguien tiene una intención, un deseo o un pensamiento y entonces eso ocurre. Un milagro es un ejemplo dramático de lo que pasa cuando una persona es capaz de aprovechar el ámbito espiritual, y de aplicar una intención para manifestar su destino.

Déjame darte un ejemplo de una notable coincidencia. David estaba enamorado de una mujer llamada Joanna. Él la amaba profundamente, pero no estaba seguro de querer comprometerse y casarse. Finalmente, decidió que la llevaría a un parque y que ahí se le declararía. Todavía recelaba del compromiso, pero esa mañana, al despertar, se sintió invadido por una sensación de paz, de que todo estaría bien. David extendió el mantel sobre el pasto y mientras reunía el valor para formular la pregunta, pasó sobre ellos un avión con un cartel publicitario. Joanna se volteó a verlo y preguntó: «¿Qué dirá el letrero?» Sin pensarlo, David contestó: «Dice: "Joanna, ¿quieres casarte conmigo?"». Ambos miraron con más cuidado y en efecto el letrero decía: «Joanna, ¿quieres casarte conmigo?». Ella se echó en sus brazos, se besaron y, en ese momento, David supo que casarse con ella era lo mejor que podía hacer. Al día siguiente leyeron en el periódico que otra persona se había declarado a su novia Joanna con un letrero en el parque; el avión pasó en el momento justo para David. Esta notable coincidencia fue una pista, un milagro, que le indicaba a David su futuro. Ellos siguen felizmente casados hasta ahora.

Las personas que no se interesan en la espiritualidad atribuyen esta clase de sucesos a la suerte. Creo que la suerte, al menos como normalmente la entendemos, no tiene nada que ver con esto. Lo que la mayoría llama suerte no es nada más ni nada menos que la aplicación de la sincronicidad en el cumplimento de nuestras intenciones.

Luis Pasteur, el científico que descubrió que los microbios pueden provocar enfermedades, afirmó: «El azar favorece a la mente preparada». Esto puede trasladarse a una sencilla ecuación: «Oportunidad + Preparación = Buena suerte». A través de las lecciones del sincrodestino, es perfectamente posible adoptar un estado de ánimo que permita ver que en la vida existen momentos oportunos y que cuando los identificamos y aprovechamos, pueden cambiar todo. «Suerte» es la palabra que utilizamos en el mundo moderno para nombrar lo milagroso.

Así pues, sincronicidad, coincidencia significativa, milagro o buena suerte, son distintas formas de referirse al mismo fenómeno. Como hemos visto, la inteligencia del cuerpo se manifiesta a través de la coincidencia y la sincronicidad. También la inteligencia más amplia de la naturaleza y el ecosistema —la gran red de la vida— y la inteligencia fundamental del Universo.

Cuando empezamos a considerar las coincidencias como oportunidades, cada una adquiere significado. Cada coincidencia se convierte en una oportunidad para la creatividad. Cada coincidencia se convierte en una oportunidad para convertirte en la persona que el Universo quiere que seas.

Ésta es la verdad última del sincrodestino: la suma total del Universo está modificándose para crear tu destino personal. Para ello utiliza «conexiones no circunscritas y no causales».

¿Qué son las conexiones no causales? Si analizamos todos los sucesos inconexos de nuestra vida, todos tienen una historia entrelazada con un destino personal. *No causal* significa que los sucesos están relacionados entre sí, pero no por una relación directa de causa y efecto, por lo menos en la superficie. Son *no causales*, sin causa. Volvamos al ejemplo que mencioné en el primer capítulo: ¿qué tiene que ver que Lady Mountbatten apreciara a mi padre con el hecho de que yo leyera a Sinclair Lewis, o que mi amigo Oppo me inspirara? No existe conexión excepto porque forman parte de mi historia individual, la cual me condujo a mi destino particular. Ninguno de estos acontecimientos *provocó* los demás. Lady Mountbatten no ordenó a mi padre que me diera un libro de Sinclair Lewis; sin embargo esos dos sucesos actuaron conjuntamente para moldear mi destino. Todos estaban conectados en un nivel más profundo.

Es imposible imaginar siquiera la complejidad de las fuerzas que están detrás de cada acontecimiento de nuestras vidas. Existe una combinación de coincidencias; el ámbito no circunscrito teje la red del karma o destino, para crear la vida personal de cada individuo, tu vida o mi vida. La única razón por la que no experimentamos la sincronicidad en nuestra vida diaria es porque no vivimos desde el nivel en donde está ocurriendo. Normalmente percibimos sólo relaciones de causa y efecto: esto causa eso, que causa esto otro, que causa aquello: trayectorias lineales. Sin embargo, debajo de la superficie ocurre algo más. Existe toda una red de conexiones, invisibles para nosotros. Cuando se hacen evidentes, vemos cómo nuestras intenciones están entretejidas en esta red, que es contextual, condicional, holística y rica, a diferencia de nuestra experiencia superficial.

Con frecuencia caemos en comportamientos rutinarios; seguimos los mismos patrones y actuamos de manera predecible, día tras día. Programamos nuestra mente y sólo continuamos poniendo un pie delante del otro. ¿Cómo podrían ocurrir milagros si simplemente marchamos mecánicamente por la vida, sin pensar ni estar conscientes? Las coincidencias son señalamientos en el camino que atraen nuestra atención hacia algo importante de nuestras vidas, atisbos de lo que ocurre más allá de las distracciones cotidianas. Podemos ignorar esas señales y seguir adelante o podemos prestarles atención y vivir el milagro que está esperándonos.

Cuando estaba concluyendo mi formación como médico, supe que me especializaría en neuroendocrinología, el estudio del funcionamiento de las sustancias químicas del cerebro. Desde entonces sabía que ése es un lugar donde la ciencia y la conciencia se tocan; quería explorarlo. Solicité una beca para estudiar con uno de los endocrinólogos más prominentes del mundo. Este respetado científico estaba realizando investigaciones dignas del premio Nobel y ansiaba poder aprender de él. Entre miles de solicitantes, fui uno de los seis elegidos para trabajar con él, ese año. Poco después de que empezamos, percibí que su laboratorio tenía más que ver con la gratificación del ego que con la verdadera ciencia. Los técnicos éramos tratados como máquinas y se esperaba que produjéramos trabajos de investigación en serie, listos para publicarse. Aquello era tedioso y frustrante. Era terrible y decepcionante trabajar con alguien tan famoso, tan respetado y sentirse tan desdichado como me sentía. Había asumido muy ilusionado el puesto, pero no hacía nada más que inyectar sustancias químicas a las ratas, todo el día.

Cada mañana revisaba la sección de anuncios clasificados del periódico *Boston Globe*, consciente de mi desilusión pero pensando que el camino que estaba siguiendo era el único posible. Recuerdo haber leído un pequeño anuncio de un puesto en la sala de emergencias de un hospital local. De hecho, cada mañana, cuando abría el periódico, veía ese pequeño anuncio. Aunque lo hojeara rápidamente, siempre lo abría en la misma página, en el mismo sitio. Lo veía e inmediatamente lo sacaba de mi mente. En el fondo me imaginaba a mí mismo trabajando en esa sala de emergencias y ayudando a las personas en vez de seguir inyectando ratas, pero mi sueño había sido obtener esa beca con el renombrado endocrinólogo.

Un día, ese endocrinólogo me trató de manera cruel y degradante. Discutimos y salí a la sala de espera para calmarme. Sobre la mesa estaba el *Boston Globe* abierto en la página del pequeño anuncio, ese mismo anuncio que había estado ignorando durante semanas. La coincidencia era demasiado evidente como para ignorarla. Todo cayó finalmente en su lugar. Supe que estaba en el lugar equivocado haciendo las cosas equivocadas. Estaba harto de la rutina, del ego de ese endocrinólogo, de las ratas, del sentimiento de no estar haciendo lo que mi corazón quería hacer. Regresé a la oficina y renuncié. El endocrinólogo me siguió al estacionamiento gritando a los cuatro vientos que mi carrera estaba acabada, que él se encargaría de que nadie me contratara.

Con su voz retumbando todavía en mis oídos, subí a mi auto, fui directamente a aquella pequeña sala de emergencia, solicité el puesto y empecé a trabajar ese mismo día. Por primera vez pude tratar y ayudar a personas que realmente estaban sufriendo; por primera vez en mucho tiempo me sentí feliz. El anuncio del *Boston Globe* me había hecho señas durante semanas, pero las había ignorado. Finalmente me di cuenta de la coincidencia y pude cambiar mi destino. Aunque parecía que el trabajo de laboratorio era lo que había deseado toda mi vida, el hecho de prestar atención a esta coincidencia me permitió romper con mis patrones habituales. Era un mensaje sólo para mí, una señal personalizada. Todo lo que había hecho hasta ese momento eran preparativos para ese cambio. Algunos pensaron que la beca misma había sido un error, pero si no la hubiera obtenido tal vez no habría estado en Boston. Y si no hubiera estado trabajando en el laboratorio del endocrinólogo, tal vez no habría visto ese anuncio y nunca hubiera escuchado el llamado de mi corazón. Tuvieron que ocurrir muchas cosas para que esta parte de mi vida se desarrollara como lo ha hecho.

De acuerdo con un poema de Rumi, uno de mis literatos y filósofos favoritos, «ésta no es la realidad real. La realidad real está detrás del telón. En verdad no estamos aquí; ésta es nuestra sombra». Lo que experimentamos como realidad cotidiana es sólo una representación de sombras. Detrás del telón está un alma viviente, dinámica e inmortal, que está más allá del tiempo y el espacio. Si actuamos desde ese nivel, podemos influir conscientemente en nuestro destino. Esto ocurre a través de la *sincronización* de relaciones, aparentemente *no causales*, que dan forma a un *destino*. De aquí el sincrodestino. En el sincrodestino participamos conscientemente en la creación de nuestras vidas, por medio del entendimiento del mundo que está más allá de nuestros sentidos, el mundo del alma.

LA COINCIDENCIA DEL UNIVERSO

Nada existiría, absolutamente nada, de no haber sido por una notable serie de coincidencias. Una vez leí un artículo en el que un físico describía el *Big Bang* que dio origen a nuestro Universo. En ese momento, el número de partículas que se crearon fue ligeramente mayor al número de antipartículas. Las partículas y las antipartículas chocaron y se aniquilaron entre sí llenando el Universo de fotones. Debido al desequilibrio inicial, hubo algunas partículas que sobrevivieron a la aniquilación, y éstas dieron origen a lo que conocemos como mundo material. Tú, yo y el resto del Universo —incluyendo estrellas y galaxias— somos restos del momento de la creación. El número total del partículas que quedaron es de 10^{80} (esto es, el número 1 seguido por 80 ceros). Si el número de partículas hubiera sido un poco mayor, las fuerzas gravitacionales hubieran forzado al joven Universo a colapsarse en sí mismo formando un enorme hoyo negro, lo que significa que no habría tú, yo, estrellas ni galaxias. Si el número de partículas de materia hubiera sido un poco menor, el Universo se habría expandido tan rápidamente sin opción para que las galaxias se formaran como lo hicieron.

Los primeros átomos fueron de hidrógeno. Si la poderosa fuerza que sostiene el núcleo de un átomo hubiera sido un poco más débil, el deuterio —estado por el que atraviesa el hidrógeno antes de convertirse en helio— no habría existido y el Universo hubiera continuado siendo hidrógeno puro. Si, por otra parte, las fuerzas nucleares hubieran sido un poco más fuertes, todo el hidrógeno se habría quemado rápidamente, dejando a las estrellas sin combustible. Así pues, tal como las fuerzas gravitacionales necesitaban tener exactamente la fuerza que tuvieron, las fuerzas electromagnéticas que mantienen los electrones en su lugar, necesitaban ser exactamente como fueron, ni más fuertes ni más débiles, para que las estrellas se convirtieran en supernovas y los elementos pesados se desarrollaran.

El proceso del carbono y del oxígeno, esenciales para el crecimiento de organismos biológicos, requirió y requiere muchas coincidencias desde el momento del *Big Bang*. El hecho de que tú y yo existamos, y que el Universo, las estrellas, las galaxias y los planetas existan, ¡es un suceso muy improbable! ¡Una absoluta coincidencia! Un milagro que se remonta al principio del tiempo.

De haber podido ver el Universo en un momento determinado de esa época, hubiera sido imposible distinguir el patrón general que estaba desarrollándose. Cuando las estrellas se estaban formando, no habríamos podido imaginar a los planetas, por no mencionar a las jirafas, las arañas, las aves y los humanos. Cuando el espermatozoide se unió al óvulo para crear al ser humano que eres ahora, nadie podía haber imaginado la increíble historia de tu vida, las fantásticas vicisitudes de tu pasado, las personas que conocerías, los hijos que tendrías, el amor que generarías, la huella que dejarías en este mundo.

No obstante, aquí estás, una prueba viviente de los milagros cotidianos. El hecho de que no podamos ver los milagros como vemos los trucos de magia, con su gratificación instantánea, no significa que no estén ocurriendo. Muchos milagros necesitan tiempo para revelarse y poder ser apreciados.

Voy a contarte otro ejemplo de mi vida para ilustrar el funcionamiento pausado de la sincronicidad. Todo empezó cuando tenía diez u once años, un día en que mi padre nos llevó a mi hermano y a mí a ver un partido de críquet, entre la India y las Indias Occidentales. Los países del Caribe tenían maravillosos jugadores; algunos podían lanzar la pelota a 95 millas por hora. Las Indias Occidentales estaban apaleando a India por cinco carreras, lo que es un desastre en críquet. Fue entonces que entraron en escena dos jóvenes jugadores. Para proteger su privacidad, los llamaré Saleem y Mohan.

Estos jugadores eran sorprendentes. Refinaron el juego, defendieron cada pelota y anotaron «sixers» una y otra vez. Gracias a ellos, el equipo hindú ganó este juego imposible. Las celebraciones casi terminan en motín; la gente quemó los palos de críquet. Para mi hermano y para mí, estos dos jugadores se convirtieron en héroes. Todo lo que hacíamos era soñar en el críquet. Formamos un club de este deporte, y empezamos un álbum de recortes para coleccionar información sobre Mohan y Saleem.

Cuarenta años después, en compañía de tres amigos, viajaba por Australia. Era imposible tomar un taxi hacia el aeropuerto, porque estaban saturados debido a un partido de críquet entre los equipos de Australia y las Indias Occidentales. Tampoco siquiera podíamos alquilar un auto porque todos estaban ocupados. Finalmente, el portero del hotel nos dijo que había una limusina que iba rumbo al aeropuerto; había otras personas en ella, pero estaban dispuestas a compartirla. Nos sentimos afortunados por conseguir el autoestop y nos subimos al vehículo. En él estaban una mujer llamada Kamla y un hombre. Durante el camino al aeropuerto escuchamos al chofer gritar una y otra vez, y nos preguntamos qué estaría ocurriendo. Nos dijo que las Indias Occidentales estaban vapuleando al equipo australiano. En ese momento mi mente se inundó totalmente con los recuerdos de aquel juego de mi infancia. Fue un sentimiento tan increíble que no pude evitar comentarlo con los demás pasajeros. Aunque había ocurrido varias décadas atrás, aún podía relatarlo con detalle.

Cuando finalmente llegamos a la taquilla del aeropuerto, el agente le dijo a Kamla que su vuelo estaba programado para el día siguiente. ¡Ella se había equivocado de fecha! Preguntó si había boletos para ese día, pero todos los vuelos estaban vendidos. Luego llamó a su hotel para reservar otra noche, pero éste también estaba lleno debido al juego de críquet. Nosotros le sugerimos que nos acompañara a Brisbane. Uno de mis amigos le habló de la combinación de improbabilidades, de que las coincidencias son pistas que nos indican la voluntad del Universo. Ella terminó subiéndose a nuestro vuelo. En el avión, un pasajero hindú que estaba sentado a mi izquierda, me reconoció y sacó un ejemplar de uno de mis libros, *Las siete leyes espirituales del éxito*. Me pidió que se lo autografiara y yo le pregunté su nombre.

—Ramu —contestó.

—Bien, Ramu, ¿cómo te apellidas?

—Menon —contestó.

—No eres hijo de Mohan Menon, ¿o sí?

Él contestó que sí. ¡Mohan Menon había sido mi héroe décadas atrás en ese partido de críquet! Hablé con Ramu durante más de dos horas. Estaba totalmente sobrecogido por la emoción. Para mí, era como estar hablando con el hijo de Babe Ruth. Le pregunté si jugaba críquet y me contestó que ya no, pero que en su momento había alternado con algunos excelentes jugadores. Cuando le pregunté con quiénes, él contestó: «Ravi Mehra». En ese momento, Kamla, que estaba sentada detrás de mí, hizo una exclamación. Ravi Mehra era su hermano. Cuando empezaron a hablar, resultó que cada uno tenía contactos de negocios que podían servir al otro y más tarde pudieron ayudarse de tal modo que ambos obtuvieron grandes ganancias. Y yo fui el afortunado catalizador que transformó las vidas de estos dos extraños a los que acababa de conocer. Cuarenta años después de ese partido de críquet, la compleja e impredecible red de relaciones dio origen a una serie de oportunidades inéditas. Uno nunca sabe cómo y cuándo reaparecerá una experiencia; uno nunca sabe cuándo una coincidencia nos guiará a la oportunidad de nuestra vida.

ATENCIÓN E INTENCIÓN

La conciencia organiza su actividad en respuesta a la atención y a la intención. Aquello en lo que pones tu atención se llena de energía; aquello de lo que apartas tu atención pierde fuerza. Por otro lado, la intención es la clave para la transformación, como ya vimos. Puede decirse que la atención activa el campo de energía y que la intención activa el campo de información, lo que da lugar a la transformación.

Cada vez que hablamos, transmitimos información a través de un campo de energía usando ondas sonoras. Cada vez que enviamos o recibimos un correo electrónico, utilizamos información y energía. La información está en las palabras que eliges y la energía es el impulso electromagnético que viaja por el ciberespacio. La información y la energía están inextricablemente unidas.

¿Has notado que cuando empiezas a prestar atención a una palabra, un color o un objeto en particular, suelen aparecer con más frecuencia en tu entorno? Mi primer auto fue un Volkswagen Beetle. Yo nunca había prestado mucha atención a los autos, y rara vez había notado Volkswagens en la calle, pero después de que compré mi Beetle, empecé a verlos por todos lados. ¡Parecía que uno de cada tres autos era un Beetle convertible rojo! No es que estos autos estuvieran desempeñando un papel más importante en el Universo, pero mi atención hizo que cualquier cosa relacionada con ellos saltara a mi campo de atención.

Todos los días ocurren millones de cosas que jamás entran en nuestra mente consciente: sonidos de la calle, conversaciones de las personas que nos rodean, artículos del periódico que recorremos rápidamente con la vista, patrones en la ropa, colores de zapatos, aromas, texturas, sabores. Nuestra conciencia solo puede manejar una cantidad limitada de información, por lo que contamos con una atención selectiva. Cualquier cosa en la que decidamos concentrar nuestra atención atravesará el sistema de filtración de la mente. Por ejemplo, imagina que estoy hablando contigo en una fiesta. Tú y yo tenemos una conversación interesante y el resto de la fiesta es sólo un murmullo de fondo. Entonces, algunas personas empiezan a hablar de ti en el otro extremo de la habitación y de un momento a otro empiezas a escuchar lo que están diciendo. El murmullo de la fiesta desaparece, y aunque yo esté junto a ti hablándote al oído, tú no me escuchas. Así de poderosa es la atención.

En el mundo físico contamos con muchas maneras diferentes de obtener información: periódicos, libros, televisión, radio, conversaciones por móviles, radios de onda corta. Todas estas formas de explotar esa clase de información, y muchas otras, están a nuestra entera disposición. Sólo tenemos que sintonizarlas con nuestros sentidos: mirar, escuchar, sentir, oler y saborear el entorno que nos rodea. Pero si lo que queremos es explotar la información que está en el nivel del alma, necesitamos otra manera de obtenerla.

Normalmente no dirigimos nuestra atención hacia esa dimensión oculta, pero todo lo que ocurre en el mundo visible ahí tiene sus raíces. Todo está conectado con todo lo demás. En el mundo espiritual esas conexiones se hacen visibles, pero en el físico sólo las vislumbramos a través de las pistas que nos dan las coincidencias. Así como la atención genera energía, la intención permite la transformación de esa energía. La atención y la intención son las herramientas más poderosas del experto en espiritualidad. Son ellas las que atraen una determinada clase de energía, y una determinada clase de información.

Así pues, mientras más atención prestes a las coincidencias, más atraerás otras coincidencias que te ayudarán a aclarar su significado. La atención prestada a las coincidencias atrae la energía y la pregunta «¿qué significa?» atrae la información. La respuesta puede llegarte como una cierta idea, un sentimiento intuitivo, un encuentro o una nueva relación. Puedes experimentar cuatro coincidencias aparentemente inconexas y comprender todo de repente, al ver el noticiero de la noche: «Ah, ¡eso es lo que significaban!». Mientras más atención prestes a las coincidencias y más te preguntes por su significado, más frecuentemente ocurrirán y más evidente será su significado. En el momento en que eres capaz de percibir e interpretar las coincidencias, tu camino hacia la realización salta a la vista.

Para la mayoría de las personas, el pasado reside sólo en la memoria y el futuro sólo en la imaginación. Sin embargo, en el nivel espiritual, el pasado, el futuro y todas las distintas probabilidades de la vida existen simultáneamente. Todo ocurre al mismo tiempo. Es como si estuviéramos reproduciendo un CD; el disco tiene 25 pistas, pero en este momento sólo estoy escuchando la número 1. Las demás pistas están en el disco en este mismo instante, sólo que no las estoy escuchando. Y si no soy consciente de ellas, puedo dar por hecho que no existen. Si tuviera un reproductor de pistas de las experiencias de mi vida, podría escuchar el ayer, el hoy o el mañana con la misma facilidad. Las personas que están sintonizadas con el yo profundo pueden acceder a este ámbito profundo porque ese yo no está separado del Universo. Los budistas dicen que tu «yo» es un «inter-ser» que está interrelacionado con todo lo que existe. Eres una parte inseparable de la sopa cuántica del cosmos.

CÓMO FOMENTAR LAS COINCIDENCIAS

Ya sabemos que la atención que prestamos a las coincidencias atrae más coincidencias y que la intención revela su significado. De este modo, las coincidencias se convierten en pistas que nos indican la voluntad del Universo y nos permiten comprobar su sincronicidad y aprovechar las infinitas oportunidades de la vida. Sin embargo, con todos esos billones de fragmentos de información que nos están llegando en todo momento, ¿cómo sabemos a qué prestar atención?, ¿cómo evitamos estar buscándole significados a cada taza de té, a cada comercial de televisión, a cada mirada de un desconocido en la calle? A la vez ¿cómo evitamos pasar por alto información valiosa?

Estas preguntas no tienen una respuesta fácil. Parte de aprender a vivir el sincrodestino consiste en aprender a ser instrumentos sensibles en nuestro entorno. Cierra los ojos un momento. Trata de percibir todo lo que hay en el ambiente. ¿Qué sonidos escuchas? ¿Qué estás oliendo, sintiendo o saboreando en este preciso instante? Pon tu atención en cada uno de tus sentidos individualmente y toma plena conciencia de ellos.

Si no has practicado este ejercicio antes, es probable que hayas pasado por alto algunos de estos estímulos, no porque sean débiles, sino porque estamos tan acostumbrados a ellos que ya no les prestamos atención. Por ejemplo, ¿qué sentiste?, ¿cuál era la temperatura? ¿Había brisa o el aire estaba quieto?, ¿qué partes de tu cuerpo estaban en contacto con la silla en la que estás sentado? ¿Notaste la presión en la parte posterior de tus muslos, en la parte baja de la espalda? ¿Qué me dices de los sonidos? La mayoría podemos distinguir fácilmente el ladrido lejano de un perro o el ruido de niños que juegan en la habitación contigua, pero ¿qué hay de los sonidos más sutiles? ¿Escuchaste el ruido del calentador o del aire acondicionado?, ¿percibiste tu respiración o los gruñidos de tu estómago?, ¿qué me dices del barullo del tráfico?

Las personas sensibles a los acontecimientos y estímulos de su entorno son sensibles a las coincidencias que les envía el Universo. Las pistas no siempre vendrán a través del correo o de la pantalla de la televisión (aunque a veces lo harán). Pueden ser tan sutiles como el olor del humo de una pipa que entra por una ventana abierta y que te recuerda a tu padre, lo que a su vez te recuerda un libro que le gustaba, y que, por alguna razón, llega a desempeñar un papel importante en tu vida, en ese momento.

Por lo menos una vez al día, concéntrate durante uno o dos minutos en alguno de tus cinco sentidos: vista, oído, gusto, tacto u olfato, y permítete apreciar tantos aspectos de este sentido como sea posible. Aunque al principio te cueste trabajo, pronto lo harás con toda naturalidad. Clausura los otros sentidos si te distraen demasiado. Por ejemplo, prueba distintos alimentos mientras te tapas la nariz y cierras los ojos; concéntrate en la textura de la comida, sin distraerte con su aspecto u olor.

Naturalmente, tu atención se verá atraída por los estímulos más poderosos e inusuales; éstos son los que debes observar con detenimiento. Mientras más inverosímil sea la coincidencia, más vigorosa será la pista. Si estás considerando casarte y tomas conciencia de los anuncios de los anillos de compromiso, ésa es una coincidencia menor, pues dichos anuncios abundan. Sin embargo, si estás ponderando pedirle matrimonio a Joanna y en ese momento pasa sobre tu cabeza un letrero que dice: «Joanna, ¿quieres casarte conmigo?», la situación es totalmente inaudita y constituye un mensaje muy poderoso sobre el camino que el Universo tiene planeado para ti.

Cuando surja una coincidencia, no la ignores. Pregúntate: «¿Cuál es el mensaje? ¿Qué significa esto?». No tienes que salir a buscar las respuestas. Formula la pregunta y las respuestas surgirán. Pueden llegar como la comprensión repentina de algo, como una experiencia creativa espontánea o como algo muy diferente. Tal vez conocerás a una persona que esté relacionada de algún modo con la coincidencia. Una conversación, una relación, un encuentro casual, una situación o un suceso te dará inmediatamente una pista sobre su significado. «¡Ah, se trataba de esto!»

Recuerda cómo la discusión final que tuve con el endocrinólogo le dio significado al anuncio del *Boston Globe* que había estado viendo, y que hasta ese entonces ignoraba. La clave está en prestar atención y preguntar.

Otra cosa que puedes hacer para fomentar las coincidencias es llevar un diario de las coincidencias de tu vida. Después de años de tomar notas, las clasifico en pequeñas, medianas, bomba y doble bomba. Tú puedes hacerlo como se te haga más fácil. Para algunos, lo más sencillo es llevar un registro diario y subrayar o señalar palabras, frases o nombres de cosas que se manifiestan como coincidencias. Otros llevan un diario especial de coincidencias; utilizan una nueva página para cada coincidencia significativa, y apuntan en esa página otras conexiones con ese suceso.

A las personas que quieran ahondar con mayor profundidad en las coincidencias, les recomiendo la recapitulación. Ésta es una manera de tomar la posición de observador de tu vida y tus sueños, de modo que las conexiones, temas, imágenes y coincidencias se hagan más claras. Como nuestra conexión con el alma universal es mucho más evidente cuando soñamos, este proceso nos permite acceder a un nivel de coincidencias totalmente nuevo.

Cuando vayas a la cama por la noche y antes de dormir, siéntate unos minutos e imagina que estás viendo en la pantalla de tu conciencia todo lo que ocurrió durante el día. Observa tu día como si fuera una película. Mírate despertando en la mañana, cepillándote los dientes, desayunando, conduciendo al trabajo, arreglando tus asuntos, regresando a casa, cenando; todo lo que haya ocurrido en el día hasta el momento de ir a la cama. No tienes que analizar, evaluar o juzgar lo que ves; sólo ve la película. Aprécialo completa. Incluso es posible que repares en cosas que no te parecieron importantes en su momento. Tal vez notes que el color del cabello de la mujer que estaba detrás del mostrador de la farmacia era el mismo que tenía tu madre cuando eras niño. O tal vez prestes especial atención al chiquillo que lloraba mientras su madre lo arrastraba por el pasillo del supermercado. Es sorprendente la cantidad de cosas que puedes ver en la película de tu día, que tal vez no notaste conscientemente durante el día.

Mientras ves cómo pasa tu día en la película, aprovecha la oportunidad de observarte objetivamente. Tal vez te veas haciendo algo que te enorgullece en especial; a veces te verás haciendo cosas vergonzosas. Te repito: el objetivo no es evaluar, sino obtener un poco de información sobre el comportamiento del protagonista, de ese personaje que eres tú.

Cuando hayas concluido la recapitulación, que puede durar sólo cinco minutos o hasta media hora, di estas palabras para ti: «Todo lo que he observado, esta película de un día de mi vida, está guardada en un lugar seguro. Puedo evocar esas imágenes en la pantalla de mi conciencia, pero tan pronto como las dejo ir, desaparecen. La película ha terminado». Luego, cuando vayas a dormir, afirma: «Así como he recapitulado el día, doy instrucciones a mi alma, a mi espíritu y a mi subconsciente para que observen mis sueños». Al principio tal vez no notes cambios, pero si practicas cada noche durante algunas semanas, empezarás a tener una experiencia muy nítida de que el sueño es el escenario y de que tú eres la persona que está observando todo. Cuando despiertes en la mañana, recapitula la noche tal como recapitulaste el día al anochecer.

Una vez que seas capaz de recordar la película de tus sueños, anota algunas de las escenas más memorables. Inclúyelas en tu diario. Apunta especialmente las coincidencias. La inteligencia no circunscrita nos proporciona claves en el sueño tal y como lo hace en la vigilia. Durante el día conozco personas, tengo interacciones, me encuentro en situaciones, circunstancias, sucesos, relaciones; por la noche también experimento estas situaciones. La diferencia es que en el día parece haber una explicación lógica, racional, de lo que ocurre. Nuestros sueños no sólo son proyecciones de nuestra conciencia; son, de hecho, la interpretación que hacemos de las trayectorias de nuestra vida. Los mecanismos del sueño y de lo que nos pasa en lo que llamamos realidad, son las mismas proyecciones del alma. Sólo somos observadores.

Así pues, empezamos gradualmente a notar correlaciones, imágenes que se repiten tanto en los sueños como en la realidad cotidiana; más coincidencias nos ofrecen más pistas para guiar nuestro comportamiento; empezamos a disfrutar más oportunidades; tenemos más «buena suerte». Estas pistas señalan la dirección que debemos dar a nuestra vida. A través del proceso de recapitulación reparamos en los patrones recurrentes y empezamos a desentrañar el misterio de la vida.

Este proceso es especialmente útil para liberarse de hábitos destructivos. La vida tiene ciertos temas que interpreta. A veces, esos temas actúan a nuestro favor pero también en contra, especialmente si repetimos los mismos patrones o temas una y otra vez con la idea de obtener un resultado distinto. Por ejemplo, muchas personas que se divorcian vuelven a enamorarse, pero terminan en un tipo de relación exactamente igual a la que tuvieron antes. Repiten el mismo trauma, reviven la misma angustia y luego preguntan: «¿Por qué me sucede lo mismo?». El proceso de recapitulación puede ayudarnos a observar estos patrones y una vez que los hemos discernido podemos tomar decisiones más conscientes. La revisión diaria de nuestro día no es algo en absoluto necesario, pero nos ayuda a comprender y a atraer coincidencias a la superficie.

Procura mantenerte sensible, observa las coincidencias en tu vida diurna y en tus sueños, y presta especial atención a lo que traspase el límite de probabilidades, esto es, la posibilidad estadística de que un acontecimiento ocurra en el espacio-tiempo. Todos necesitamos planear las cosas hasta cierto punto, elaborar suposiciones sobre mañana aunque de hecho no sepamos qué va a pasar. Cualquier cosa que perturbe nuestros planes o nos desvíe de la trayectoria que creemos llevar, puede ofrecernos información valiosa. Incluso la ausencia de sucesos que esperas puede ser una pista que te indique la intención del Universo.

Quienes tienen dificultades para salir de la cama en las mañanas para ir a un trabajo que odian, los que no son capaces de comprometerse con sus actividades profesionales, aquellos que se sienten emocionalmente «muertos» después de un día en la oficina, necesitan prestar atención a esos sentimientos. Son señales importantes de que debe haber una forma de obtener más satisfacción de la vida. Tal vez un milagro está esperando a la vuelta de la esquina. Nunca lo sabrás mientras no formules una intención, seas sensible a las pistas que te ofrece el Universo, sigas la cadena de las coincidencias y ayudes a crear el destino que tanto deseas.

Por supuesto, la vida puede ser difícil y todos tenemos tareas, responsabilidades y obligaciones cotidianas que pueden llegar a abrumarnos. Las coincidencias pueden volar hacia ti desde todas direcciones o pueden aparentar haberse secado por completo. ¿Cómo encontrar el camino en un mundo tan complejo? Tómate cinco minutos todos los días y simplemente permanece sentado en silencio. Durante esos momentos, plantéale estas preguntas a tu atención y a tu corazón: «¿Quién soy? ¿Qué quiero para mi vida? ¿Qué quiero de mi vida hoy?». Entonces relájate y deja que el flujo de tu conciencia, esa suave voz interior, las conteste. Luego, después de cinco minutos, escríbelas. Haz esto todos los días y te sorprenderá cómo las situaciones, circunstancias, acontecimientos y personas se organizarán en función de las respuestas. Éste es el comienzo del sincrodestino.

La primera vez puede resultar difícil contestar estas preguntas. Muchos no estamos acostumbrados a pensar en términos de nuestras necesidades y deseos, y si lo hacemos, no creemos poder satisfacerlos. Si no has definido la meta de tu vida por ti mismo, ¿qué estás haciendo entonces? Sería maravilloso si el Universo pudiera mostrarnos una gran pista, o si prefieres, una brújula gigante que nos señalara la dirección que debemos tomar.

El hecho es que la brújula está ahí. Para encontrarla sólo necesitas buscar en tu interior el deseo más puro de tu alma, el sueño que tiene para tu vida. Siéntate en silencio. Una vez que revelas ese deseo y comprendes su naturaleza esencial, cuentas con un punto de referencia constante que puedes expresar en forma de símbolos arquetípicos.

6

Deseos y arquetipos

Hemos llegado a la esencia misma del sincrodestino. Hemos descubierto la naturaleza dual del alma y hemos comprendido que somos parte de la inteligencia no circunscrita del mismo modo que una ola es parte del océano. Hemos aprendido a identificar la sincronicidad de todas las cosas, la matriz que nos vincula con la fuente del Universo. Hemos aprendido a valorar las coincidencias como mensajes de la inteligencia no circunscrita que nos orientan hacia nuestro destino, y sabemos que nuestras intenciones pueden influir en esta dirección. Todas estas revelaciones son esenciales para vivir una vida plena. Pero para recibir orientación sobre cómo construir nuestras vidas cotidianas, aún debemos responder la pregunta fundamental del ser: «¿Cuáles son mis sueños y deseos?». Esto sólo puede contestarse preguntando además: «¿Quién soy? ¿Qué quiero? ¿Cuál es mi propósito en esta vida?».

Sabemos que nuestras relaciones, significados y contextos más profundos derivan del alma. Nuestra aspiración, esa empresa grandiosa, maravillosa y mítica que anhelamos llevar a cabo, también deriva en última instancia del alma. En nuestro tiempo en esta Tierra, esta alma individual no alcanzará la plenitud hasta que no cumpla su búsqueda mítica, eso que podemos llamar el Gran Plan en función del cual se organizan nuestros destinos. Dentro de cada ser humano existe un tema expansivo, un molde para una vida heroica, un dios o una diosa embrionarios que desean nacer. Éste es nuestro destino, el yo que nos negamos porque la mayoría no somos capaces de ver el campo de potencial ilimitado que está abierto para todos. Éste es nuestro mejor yo, el yo que no tiene ego, ese pequeño fragmento del Universo que actúa a través de nosotros para el bien de todos.

Las personas que llevan vidas ordinarias y mundanas no han establecido contacto con el ser místico que está en su interior. Tú puedes preparar el camino hacia la iluminación al comprender el plan que está escrito en tu alma, al fomentar las relaciones que te dan contexto y significado y al representar tu drama mítico. De ahí nacen el amor y la compasión; de ahí, surgen la satisfacción y la plenitud.

Estos relatos míticos, estos héroes y heroínas interiores reciben el nombre de arquetipos. Los arquetipos son temas perennes que residen en el nivel del alma colectiva y universal. Estos temas son representaciones de los anhelos, la imaginación y los deseos más profundos de nuestra alma colectiva. Estos temas han existido desde siempre. Los vemos en los escritos de las culturas antiguas, en la literatura de todas las épocas. Sus formas cambian en función del momento histórico, pero su esencia permanece. Estos arquetipos aparecen representados en las películas, las telenovelas y los periódicos sensacionalistas de nuestros días. Siempre que una persona o un personaje está «más allá del bien y del mal» estamos ante la representación de un arquetipo. Estos personajes normalmente son sencillos y tienen una intención muy clara, cualquiera que ésta sea. Divinos o diabólicos, sagrados o profanos, santos o pecadores, aventureros, sabios, buscadores, rescatadores, objetos de amor, redentores: todos son expresiones exageradas de la energía consciente del alma colectiva.

Los arquetipos tienen su origen en el alma colectiva pero son representados por las almas individuales. Sus dramas míticos se representan todos los días en nuestro mundo físico. Podemos ver a Marilyn Monroe y reconocer fácilmente la encarnación de Afrodita, diosa de la sexualidad y la belleza. Podemos ver a Robert Downey Jr. como la encarnación de Dionisio o Baco, el espíritu indómito amante de la diversión. La princesa Diana era Artemisa, la inconformista, la bravía, la rebelde, la intrépida guerrera que lucha por lo que cree.

Cada ser humano está en sintonía con algún arquetipo, o con dos o tres de ellos. Cada uno está programado en el nivel del alma para representar o modelar características arquetípicas. Son semillas sembradas en nuestro interior. Cuando una de ellas germina, se liberan las fuerzas de moldeado que le permiten convertirse en un determinado tipo de planta. Una semilla de tomate siempre se convertirá en una tomatera y nunca en un rosal. La activación de un arquetipo libera sus fuerzas de moldeado, las cuales nos acercan más a lo que estamos destinados a ser. Nuestros arquetipos individuales se reflejan en nuestros deseos o intenciones. Así pues, ¿quién eres?, ¿qué quieres?, ¿cuál es el propósito de tu existencia?

En el nivel más profundo, estas preguntas se refieren al alma. Para hallar las respuestas debes dirigirte a esa parte del alma que es exclusivamente tuya. Así aprendemos a definir nuestros arquetipos individuales.

Vivimos en una sociedad que valora la consecución de metas y que todo debe estar etiquetado, pero esto es menos útil cuando exploras la naturaleza de tu alma. Algunas personas dicen que soy escritor; otras me llaman pensador espiritual, médico de mente y cuerpo o consejero personal. Mis hijos me ven como un padre; mi esposa, como su compañero. Todos estos papeles ayudan a definirme, pero lo que soy emerge continuamente conforme se desarrolla mi destino. Si uno se etiqueta a sí mismo, se queda estancado como una mariposa atrapada en un frasco. Adoptar un arquetipo no es lo mismo que etiquetarse, pues no tiene que ver con limitaciones. Todo lo contrario. Los arquetipos son modelos de vida, imágenes e ideas que guían tu vida hacia el destino último de tu alma. Reconocer tu verdadera naturaleza y permitirle florecer es parte de la belleza de vivir desde el nivel del alma: te conviertes en el héroe o la heroína de una saga mítica.

Si permitimos que las fuerzas del mundo físico influyan en nosotros, sean o no bienintencionadas, nos desviaremos del destino de nuestra alma. Empezamos a desear cosas que no nos corresponden; empezamos a tener intenciones que no concuerdan con las intenciones del Universo. ¿Qué apariencia tienen estas fuerzas? Pueden ser tan inocentes como los amigos que te aconsejan lo que creen que es mejor para ti; pueden ser tan penetrantes como los anuncios de los medios de comunicación que nos instan a comprar una cantidad interminable de productos; pueden ser tan seductoras como la oficina de la esquina con el rótulo de vicepresidente corporativo y un salario de siete cifras.

Son mensajes del mundo físico, no del Universo. El proyecto que el Universo tiene para ti se encuentra en el nivel del alma. Obtenemos pistas en la forma de coincidencias y orientación en la forma de arquetipos.

¿Cómo podemos distinguir cuál es nuestro destino y cuál sueño es sólo producto de nuestra cultura de masas? ¿Cuántas niñitas sueñan con ser la siguiente Brittney Spears? ¿Cuántos niños aspiran a ser el próximo Michael Jordan? Emulamos a estas celebridades porque ellas representan sus propios arquetipos, porque tuvieron éxito en sus propias búsquedas internas. La única forma en que puedes conocer tus arquetipos y tu destino es descubriendo la voluntad del alma universal, mirando hacia lo más profundo de tu interior y al definir tus deseos más íntimos, mediante la elección del arquetipo que más se ajusta a tus intenciones y en consecuencia de su prístino modelo.

La función de los arquetipos

Descubrir arquetipos es una experiencia personal. Nadie, por más que te conozca, puede decirte: «Oh, tú eres este arquetipo». La ciencia védica, la antigua tradición de sabiduría de India, dice que mientras no puedas ponerte en contacto con ese embrión de dios o diosa que incuba dentro de ti, mientras no puedas permitirle nacer, tu vida siempre será mundana. Sin embargo, una vez que ese dios o diosa se exprese a través de ti, realizarás obras grandes y maravillosas.

Actualmente, tendemos a buscar arquetipos simbólicos en las celebridades, pero necesitamos fomentar expresiones plenas de los arquetipos en nosotros. Ellos son parte de lo que nos crea. De esto es de lo que están hechos nuestros sueños. De esto están hechas las mitologías, las historias contadas al calor de las fogatas, las leyendas. Esto es lo que inspiran las grandes películas. En *La guerra de las galaxias*, Luke Skywalker es la expresión del arquetipo del eterno aventurero, que está dispuesto a tomar riesgos para explorar lo desconocido. La princesa Leia es como Artemisa, la cazadora autónoma, la protectora. Yoda es el vidente sabio, guardián de un poderoso conocimiento vinculado con la inteligencia no circunscrita. Éstos son personajes de nuestra imaginación colectiva, antiguos arquetipos presentados con aspecto futurista.

Los arquetipos son vitales para comprender y definir lo que somos: expresiones individuales de una conciencia colectiva. La mitología es la fuente de nuestra civilización. Una de las consecuencias de privar a la gente de la mitología es que se unan a las pandillas callejeras. ¿Por qué? Porque las pandillas tienen un líder, tienen rituales, tienen ritos de iniciación, todo lo que encontramos en la mitología. Nuestros niños se unen a ellas porque buscan una experiencia mítica. Cuando alguien hace algo notable, cuando los astronautas caminan en la luna, cuando un piloto emprende el primer vuelo en solitario a través del Atlántico, estamos hablando de búsquedas míticas. Jasón en busca del Vellocino de oro, Ícaro remontando el vuelo con alas de plumas y cera. Desde el rapto de Perséfone por Plutón hasta Orfeo buscando a su esposa entre las sombras del Hades, desde Apolo y Krishna hasta todas las historias de la mitología celta, ésta es la fuente más profunda de civilización e identidad.

Pandillas, películas, telenovelas y celebridades son seductoras justamente porque pulsan esta cuerda mística, pero son sustitutos vulgares de la mitología. Los arquetipos auténticos son representados por gente como Mahatma Gandhi, Martin Luther King, Rosa Parks, cualquiera que se alce por encima de la vida diaria hasta el reino de lo maravilloso. Ellos alcanzaron la grandeza porque accedieron a la conciencia colectiva, la cual les dio la habilidad de ver simultáneamente varias series de sucesos y predecir el futuro con base en las elecciones del momento. Se dice que cuando Mahatma Gandhi fue forzado a bajar del tren en Durban, Sudáfrica, cerró los ojos y vio al Imperio Británico derrumbarse en gran parte del mundo. Este episodio modificó el curso de la historia.

Estos acontecimientos provocan cambios en los mecanismos cognoscitivos y perceptivos. Normalmente, éstos únicamente permiten ver lo que está ocurriendo aquí, justo frente a nosotros. No obstante, de vez en cuando podemos despertar potencialidades latentes y la sabiduría para usarlas. En sánscrito se les conoce como *siddhis*, palabra que significa poder sobrenatural, percepción extrasensorial, sincronicidad y telepatía, productos todos del ámbito no circunscrito. Éstos son los poderes que se manifiestan en los mitos.

El proceso de hallar un arquetipo debe ser jovial. No te preocupes por elegir de forma equivocada. Como surgen de la conciencia colectiva, todos están presentes en cada uno de nosotros. Sin embargo, algunos están representados con mayor fuerza. Tu objetivo es encontrar uno, dos o hasta tres arquetipos que resuenen contigo con más energía, aquellos que representen tu corazón. No elijas quién quieres ser ni siquiera qué cualidades valoras más. Busca las cualidades hacia las que te sientas atraído, que te motiven, inspiren. Las identificarás cuando las encuentres. Lo mejor de todo es que no hay respuestas equivocadas.

Para ayudarte en tu búsqueda prueba el siguiente ejercicio, inspirado en la obra de mi amiga Jean Houston, autora de *A Mythic Life: Learning to Live Our Greater Story*. En sus libros hay muchos ejercicios que recomiendo ampliamente. Ponte cómodo y despeja tu mente. Lo ideal es que te lean los párrafos que siguen mientras mantienes los ojos cerrados. Si es posible, grábalos en cinta o en CD y reprodúcelos para que puedas imaginar las escenas con mayor claridad. Sin embargo, si los lees con la mente abierta y despejada, también puede funcionar.

Empieza por respirar profundamente unas cuantas veces. Inhala y exhala lentamente, y libera cualquier tensión o resistencia que estés cargando en tu cuerpo. Sigue respirando lenta, profunda y suavemente, y permite que cada exhalación te lleve a un lugar más profundo, silencioso y relajado.

Ahora imagina que estás caminando por un hermoso camino campestre bordeado por árboles y lejos del tumulto de la ciudad. Mientras paseas, observas la exuberancia del campo; aves que vuelan en el cielo, conejos de cola blanca que corretean por el camino y mariposas que revolotean. Llegas a un claro y ves una encantadora casita rústica con techo de paja. La puerta está abierta e invita a pasar. Te asomas y ves una sala y un pasillo que lleva a la parte trasera de la casa. Te sientes muy cómodo y seguro, como si volvieras a tu propia casa. Empiezas a caminar por el pasillo y entras a un cuarto pequeño. Encuentras la puerta de un armario y la abres. Al apartar la ropa, descubres un boquete en el fondo. Cuando lo atraviesas, ves que lleva a una antigua escalera de piedra que baja y baja en círculos. Hay poca luz, por lo que desciendes cuidadosamente, un peldaño a la vez, tomado del barandal y con cuidado de no caer. Bajas más, más y más. Al final, llegas al pie de la escalera y te encuentras en la orilla de un ancho río que refleja los rayos plateados de la luna. Sentado al lado del río, escuchas el suave murmullo de la corriente y miras el infinito cielo estrellado.

A la distancia ves un pequeño bote que navega hacia ti. Mientras se desliza por el río, una figura envuelta en una toga de lino se pone de pie y te hace señas para que subas. Sintiéndote seguro y protegido, subes a bordo y te dan una prenda larga y suelta, decorada con símbolos antiguos para que te la pongas. El bote navega a través de un túnel estrecho que parece prolongarse al infinito. El barquero barbudo que está en la popa empieza a cantar algunos mantras desconocidos y unos momentos después notas que tus sentidos están mucho más alerta. Estás relajado, pero al mismo tiempo, curiosamente eufórico.

Una luz aparece al final del túnel y cada vez brilla más. Conforme te acercas a ella te das cuenta de que es una invitación para entrar al ámbito virtual. Cuando aceptas y te sumerges en la luz, sientes repentinamente que pierdes peso. Empiezas a elevarte por encima del bote y percibes cómo te fundes con la luz. Te conviertes en esa luz. Ahora eres un ser virtual, una esfera palpitante de luz. Desde este ámbito de potencialidad pura, puedes emerger a la realidad cuántica y material en cualquier forma o figura, y en cualquier lugar del espacio-tiempo que elijas.

Te sumerges en las profundidades de tu ser de luz y emerges como la diosa Hera, reina del Olimpo y de todos los dioses de Grecia, símbolo del poder y la belleza regios. Tú diriges el mundo, con confianza plena y autoridad. Tus súbditos confían en tu seguridad y fortaleza. Eres la expresión última de la seguridad en uno mismo. Siente lo que es tener la conciencia de esta poderosa diosa. Siente las sensaciones de desplazarte en su cuerpo. Siente lo que es tener sus gestos, su forma de hablar, sus expresiones faciales. Observa el mundo a través de sus ojos. Escucha el mundo a través de sus oídos.

Ahora dile a adiós a esta diosa y regresa a tu forma virtual de luz. Una vez más estás en el reino del potencial puro, latente de posibilidades. Sumérgete en las profundidades de tu ser de luz y emerge como el viejo rey sabio, diestro en el arte de navegar por las tormentas de la vida. Eres el sabio barbado, el gran *rishi* que ve las formas y los fenómenos del mundo como una danza cósmica.

Estás en este mundo pero no perteneces a él, y cada uno de tus pensamientos, palabras y acciones expresa una absoluta perfección. Siente lo que es tener la conciencia de un sabio. Tu mente es la mente de un vidente. Siente lo que es tener sus pensamientos, su forma de hablar y sus gestos. Observa el mundo a través de sus ojos.

Ahora deja ir al visionario y vuelve a sumergirte en tu esencia como ser virtual de luz. Sumérgete en tus profundidades y emerge como el redentor. Tú eres la luz de la compasión, radiante de perdón y esperanza. Tu sola presencia disipa la oscuridad sin importar cuán sombría parezca. Eres la esencia de los avatares, de Cristo, de Buda. Tu naturaleza transforma la experiencia en fe. Sé testigo de los pensamientos que surgen en la mente del redentor. Siente las emociones del corazón del redentor. Experimenta el mundo a través de sus ojos, pleno de compasión y amor por todos los seres sensitivos.

Ahora deja ir al redentor y regresa a tu esencia primordial. Eres un ser virtual de luz, una fuente destilada de energía universal. Eres el potencial entero de todo lo que fue, es y será. Sumérgete en las profundidades de esta naturaleza de luz y emerge como la madre divina. Eres la fuerza nutricia esencial, henchida de energía vivificante. Eres Deméter, Shakti, el lado femenino de Dios. Eres la madre divina que dispensa su amor y bondad en todos los seres sensitivos. Eres la fuerza creativa primordial que da origen a las formas y los fenómenos. Experimenta la conciencia de la madre divina. Siente los sentimientos de la madre divina. Ve la creación a través de sus ojos. Escucha a la creación a través de sus oídos. Inhala y exhala el aliento de la madre divina.

Ahora deja ir a la madre divina. Vuelve a asumir tu naturaleza esencial de luz pura, la energía virtual primordial, pletórica de posibilidades para manifestar cualquier cosa en que elijas convertirte. Húndete en las profundidades de tu ser y emerge como Dionisio, el dios de la sensualidad, del éxtasis y la embriaguez, del exceso y el desenfreno. Eres la personificación de la rendición total al momento. Es tu naturaleza no postergar nada, sumergirte en la experiencia de estar vivo. Estás ebrio de amor. Experimenta el mundo con la conciencia de Dionisio. Siente la embriaguez. Percibe el mundo con ojos dionisiacos. Escucha la música del Universo como una celebración de tu ser. Déjate llevar por el éxtasis de los sentidos y del espíritu.

Ahora deja ir a Dionisio y sumérgete de nuevo en tu estado primordial de energía, de luz virtual pura. Encuentra el impulso de sabiduría e inteligencia que está dentro de tu potencial infinito y emerge como la diosa de la sabiduría, Saraswati o Atenea. Eres el protector de la civilización con tu compromiso con el conocimiento, la sabiduría, las artes y el conocimiento científico. Eres un auténtico guerrero espiritual, dedicado a destruir cualquier ignorancia que impida la expresión de la verdad. Experimenta la conciencia de una diosa de la sabiduría. Observa el mundo a través de sus ojos; escucha la presente conversación a través de sus oídos. Eres refinamiento, eres elegancia, eres urbanidad y sabiduría en su máxima expresión.

Ahora deja ir a la diosa de la sabiduría. Regresa a tu estado original de luz virtual pura. Sumérgete en tu ser ilimitado y no manifiesto rebosante de potencial.

Zambúllete en tu esencia de luz y emerge como Afrodita, como Venus, la diosa del amor y la belleza. Eres la encarnación de la sensualidad, la pasión y la sexualidad. En tu presencia, los seres sensitivos pierden la cabeza y ansían el arrobamiento de Eros. Expresa y experimenta la conciencia de la diosa del amor. Siente el cuerpo de la diosa de la sensualidad. Saborea su sensualidad. Observa el mundo a través de los ojos de la diosa del amor.

Ahora deja ir a la diosa del amor y vuelve a tu esencia de luz como un ser puro y no diferenciado de posibilidades infinitas. Sumérgete profundamente en tu esencia y emerge como el niño sagrado, la expresión del potencial puro y divino. Eres la encarnación de la inocencia y personificas las expectativas de amor incondicional, tanto de darlo como de recibirlo. Has nacido de padres divinos y rebosas de destino y potencial cósmico. Observa el mundo a través de los ojos del niño sagrado. Siente el amor que fluye a través de tu corazón de inocencia. Sé juguetón como el niño de luz que se regodea en su propio ser.

Libera al niño sagrado. Siéntete como un ser virtual de luz. Descansa en tu infinitud. Eres un latido vibrante de energía capaz de crear cualquier cosa que desees. Zambúllete profundamente en tu esencia de luz y emerge como el alquimista cósmico. Eres el mago supremo, capaz de convertir nada en algo y algo en nada. Sabes que el mundo de los sentidos es absurdo. Sientes el mundo material como una expresión de tu energía consciente, a la que puedes transformar en materia con tu intención y tu atención. Puedes asumir cualquier forma que elijas, viva o inanimada, porque eres la conciencia en todos sus disfraces. Eres Krishna; eres las posibilidades infinitas. Siéntete como Krishna, el alquimista cósmico, capaz de manifestar cualquier cosa que quieras. Experimenta la conversión de tus pensamientos en fenómenos. Observa el universo a través de los ojos de Krishna. Siente el cosmos como tu cuerpo. No estás en el Universo; el Universo está en ti.

Ahora, juega unos minutos con tu energía creativa y manifiéstate como cualquier forma que elijas. Puede ser uno de los arquetipos comunes que acabamos de mencionar o puede ser otra cosa. Conviértete en cualquier ser que quieras experimentar. Asume la conciencia de un gran pintor o de un gran músico. Experimenta el mundo como un poderoso líder político. Conviértete en águila; experimenta el mundo como un ave que planea. Conviértete en ballena y siente la conciencia de un ser marino juguetón. No hay límites para tus expresiones posibles. Disfruta tu ser virtual, satisfecho del conocimiento y la experiencia de tu potencial infinito. De esta forma eres todos los muchos dioses y diosas, arquetipos e imágenes míticas en un cuerpo. Ahora permite que cualquier imagen, frase, símbolo o palabra que surja, tome forma en tu conciencia.

Cuando sientas que has experimentado una amplia gama de posibilidades interesantes, elige tres imágenes, símbolos, palabras o frases arquetípicas que resuenen en tu interior, que te inspiren y motiven. Pueden ser dioses o diosas que conozcas, imágenes, animales, símbolos de elementos, fuerzas del cosmos, palabras, frases o cualquier otra característica que signifique algo para ti; cualquier cosa que te resulte profundamente cómoda cuando la experimentes en tu mente. Debes sentir que si estas personas o características aparecieran en tu mundo y se expresaran a través de ti, serías capaz de realizar cosas grandes y maravillosas. Siempre recomiendo que los hombres elijan por lo menos un arquetipo femenino, y que las mujeres elijan al menos uno masculino. Todos tenemos cualidades masculinas y femeninas en nuestro interior; ignorar cualquier aspecto de nuestro ser, implica sofocar esa fuente de pasión personal.

Escribe en un papel, tus tres símbolos o arquetipos y empieza a coleccionar pinturas, imágenes, símbolos o alhajas que te los recuerden. Algunas personas erigen un pequeño altar para sus arquetipos, alrededor del cual concentran su búsqueda del ser. Si las cualidades principales de tus arquetipos pueden expresarse en palabras o frases, escríbelas en una hoja de papel para que tengas algo que te los recuerde. Observa estos recordatorios por lo menos una vez al día, de preferencia después de meditar y hazles una invitación: «Por favor ven y exprésate a través de mí». Permíteles que te recuerden la inspiración de tu vida. Cuando te sientas perdido o distraído en el mundo, ellos pueden ser la brújula que te reoriente hacia tu ser verdadero.

En vez de seguir la última corriente de la moda o de emular a una estrella de cine, da forma a tu ser, a tus pensamientos y a tus actos con base en tus arquetipos. Las personas lo hacen todos los días sin darse cuenta siquiera de que lo están haciendo. ¿Alguna vez has escuchado la pregunta «¿qué haría Jesús?»? A los cristianos que se sienten atascados en una encrucijada de sus vidas o que tienen que tomar una decisión sobre cómo actuar, se les recomienda que se formulen esta pregunta. Es una forma de utilizar el poderoso arquetipo del redentor, encarnado por Jesucristo, como una guía para la vida. Utiliza tus arquetipos personales de la misma manera. Pregúntate: ¿estoy actuando de manera coherente con mis arquetipos? Ésta es una manera profunda de preguntarse: «¿Estoy siendo fiel a mí mismo?». Encontrarás plenitud a través de tus arquetipos si permites que los dioses, diosas, tótems o personalidades representen su drama a través de ti. Ellos son las llaves que te permitirán alcanzar tu auténtico y milagroso destino.

Segunda parte

Cómo despejar
los caminos del destino

1

Meditación y mantras

La herramienta más poderosa que tenemos para aprender a vivir el sincrodestino, para distinguir los patrones de interconexión del Universo, para hacer milagros a partir de nuestros deseos, es la meditación. La meditación permite colocar nuestra atención e intención en los planes más sutiles, con lo que podemos acceder a toda esa información y energía oculta y sin explorar.

Si tu médico te prescribiera caminar durante veinte minutos dos veces al día y te dijera que con esas caminatas obtendrías buena salud, tranquilidad, despreocupación, mayor éxito en tu vida personal y profesional, ¿seguirías su recomendación? La mayoría al menos lo intentaría. La prescripción del sincrodestino es meditar entre quince y veinte minutos dos veces al día, más un momento para cursar una invitación a tus arquetipos (tal como se describe en el capítulo anterior). Si haces esto dos veces al día, empezarás a notar una transformación en tu vida. El resto del tiempo seguirás actuando como lo has hecho siempre. Medita en la mañana, vive el resto del día y vuelve a meditar en la noche. Eso es todo lo que necesitas para iniciar la transformación de tu vida y la creación de los milagros que quieres.

Todo lo que has leído en este libro ha sido una preparación para la práctica de la meditación que te llevará a la iluminación y a vivir el sincrodestino. Esos conocimientos no son necesarios, pero son divertidos. Si tuviéramos que entender física cuántica para alcanzar la iluminación, sólo los físicos cuánticos lo lograrían. Curiosamente, los grandes pioneros de la física cuántica también promovieron la causa del espíritu al cuestionar el significado más profundo de la vida. Entre estos notables científicos está Wolfang Pauli, quien junto con Carl Jung, fue el primero que habló de sincronicidad. Erwin Schroedinger, Paul Dirac, Werner Heisenberg, Max Planck, David Bohm y John Wheeler son otros que creyeron que la física cuántica es inexplicable si no incluimos a la conciencia como un componente primario de la realidad fundamental. No obstante, no es necesario saber de religión, filosofía o ciencia para acceder al espíritu. Todo lo que tienes que hacer es prestar atención a las instrucciones que siguen.

La meditación es un proceso sencillo aunque difícil de describir, pero muy fácil de hacer una vez que empiezas a practicarlo con regularidad. A continuación te presentaré los elementos básicos de la meditación para que puedas aplicar exitosamente los principios del sincrodestino que se describen en el resto del libro.

CÓMO MEDITAR

Nuestras mentes están constantemente activas, siempre saltan de un pensamiento a otro, de una emoción a otra. Para establecer contacto con la inteligencia no circunscrita

—el alma universal que reside en nuestro interior y que es parte de todos nosotros— es necesario encontrar un camino que vaya más allá de la neblina de pensamientos distractores que normalmente la ocultan. Es imposible avanzar a través de esta barrera tanto como lo es hacerlo en una neblina real. Si quieres ver al otro lado de la calle en un día de niebla, nada físico que hagas podrá ayudarte. Debes esperar, paciente y tranquilo, hasta que la neblina se disipe y se vaya por sí sola. De vez en cuando se abren claros que te permiten ver qué hay del otro lado. Lo mismo ocurre con los pensamientos. Cuando estamos tranquilos podemos encontrar momentos de silencio puro a los que llamo «claros», y a través de ellos podemos dar un vistazo al nivel más profundo del alma. Cada vistazo incrementa la comprensión; finalmente, nuestra conciencia se expande.

El propósito de la meditación es dejar de pensar por un momento, esperar a que la neblina de pensamientos se disipe y dar un vistazo al espíritu interior. Para la mayoría es muy difícil controlar el torrente de pensamientos. Los principiantes pueden sentirse frustrados, pero la frustración es apenas otro pensamiento, otra emoción que se interpone en el camino. El objetivo es liberar todos los pensamientos con tranquilidad y mesura.

Una manera común de iniciar la meditación, consiste en concentrarse en una cosa sin forzarse; de manera que sea más difícil que otros pensamientos entren a la mente. A mí me gusta empezar con una meditación de respiración. Para iniciar la meditación, encuentra una posición cómoda. Siéntate en una silla cómoda con los pies bien apoyados en el piso. Coloca las manos en tu regazo, con las palmas hacia arriba. Cierra los ojos y presta atención a tu respiración. Observa cómo entra y sale el aire sin intentar controlarlo de ninguna forma. Tal vez notes que tu respiración se vuelve espontáneamente más rápida o más lenta, profunda o superficial, o que incluso se detiene por un momento. Observa los cambios sin resistencia y sin anticiparte. Cuando tu atención se desvíe hacia un sonido del entorno, una sensación en tu cuerpo o un pensamiento de tu mente, haz volver tu conciencia, sin forzarla, a tu respiración.

Ésta es la meditación básica. Una vez que una persona se siente cómoda con sólo sentarse en silencio y concentrarse en su respiración, recomiendo agregar un mantra, el cual crea un ambiente mental y permite expandir la conciencia.

MANTRAS

La palabra *mantra* consta de dos partes: «man», que es la raíz fonética de la palabra «mente», y «tra», que es la raíz fonética de la palabra «instrumento». Así pues, la palabra *mantra* significa literalmente «instrumento de la mente». La antigua tradición de sabiduría védica analizó los distintos sonidos de la naturaleza, las vibraciones fundamentales del mundo que nos rodea. De acuerdo con los vedas, estos sonidos son expresiones de la mente infinita o cósmica, y constituyen la base del lenguaje humano. Por ejemplo, si pronuncias todas las letras del alfabeto, vocales y consonantes, escucharás que esos sonidos son los que emiten espontáneamente todos los bebés. Estos sonidos también contienen las mismas vibraciones que producen los animales. Y si escuchas cuidadosamente, notarás que los mismos sonidos están por todas partes en la naturaleza. Son los sonidos del viento, del crepitar del fuego, del trueno, de la corriente del río, del estallido de las olas en la playa. La naturaleza es vibración. El ser infinito vibra y su vibración es rítmica, musical y primordial. La vibración es el medio por el cual el potencial infinito se expresa como universo manifiesto.

El universo manifiesto, al parecer formado de objetos sólidos, en realidad se constituye de vibraciones, y los objetos vibran a distintas frecuencias. Obviamente, si pateo una roca grande no siento vibración, sino dolor. Sin embargo, el hecho es que el pie que siente el dolor y el cerebro que lo registra, también son vibración. La vibración interactúa con la vibración y nosotros interpretamos eso como materia y sensación. *Mantra* es una palabra que describe esta característica del Universo.

Se dice que los sabios antiguos escuchaban estas vibraciones del Universo cuando estaban en profunda meditación. Todos podemos escucharlas en cualquier momento. Es sencillo. Si acallas tu mente y te sientas en silencio, escucharás vibraciones. Puedes probarlo cuando quieras; incluso, si te tapas los oídos las escucharás. Tu cuerpo también vibra con constancia, pero los sonidos son tan leves que, por lo general, no los escuchas. Si te sientas en silencio en un lugar donde no haya ruido, escucharás un zumbido de fondo en el aire. Y si empiezas a prestarle atención, con la práctica lograrás escuchar todos los mantras que están registrados en la literatura védica.

Los vedas también afirman que si recitas en voz alta un mantra, su patrón específico de vibraciones genera efectos propios que pueden dar lugar a sucesos en el ámbito físico. La recitación mental de un mantra genera una vibración mental, que luego se vuelve más abstracta; ésta, al final, te traslada al campo de conciencia o espíritu puro desde donde surgió la vibración. Por ello, un mantra es una manera muy eficaz de trascender y regresar a la fuente de pensamiento, que es conciencia pura. Ésta es la razón por la que se recomiendan mantras específicos: por las vibraciones específicas que inducen.

El mantra que utilizo y recomiendo para alcanzar el sincrodestino es simplemente «so-hum». Éste es el mantra de la respiración. Si te concentras en tu respiración escucharás «so-hum» conforme el aire entra y sale de tus pulmones. Mientras inhalas, el sonido de esa vibración es «so»; cuando exhalas, el sonido es «hum». Si quieres puedes experimentar con esto. Inhala profundamente, cierra los ojos y la boca, y exhala con energía por la nariz. Si te concentras escucharás el «hum» con claridad.

Una de las técnicas de la meditación consiste, simplemente, en concentrarse en el lugar de procedencia de la respiración. Con los ojos cerrados, inhala y piensa en la palabra «so»; cuando exhales, piensa en la palabra «hum». Gradualmente, la respiración y el sonido se harán más y más pausados. La respiración se tranquiliza tanto que casi parece detenerse. Cuando tranquilizas tu respiración, tranquilizas tu mente. Cuando trasciendes, el mantra «so-hum» desaparece por completo y tu respiración se detiene por un instante. El tiempo mismo hace una pausa y te encuentras en el campo de la conciencia pura, en el ámbito no circunscrito, en el espíritu, en el fundamento del ser.

El mantra, por tanto, es una forma de experimentar la conciencia no circunscrita. Aborígenes australianos, hindúes, indios americanos y muchas otras culturas tradicionales los han utilizado durante miles de años. En todas las tradiciones, el uso de mantras implica cantar para crear vibraciones especiales, sonidos del Universo que forjan algo de la nada, que mueven energía de lo no manifiesto a lo manifiesto.

SUTRA

Un sutra es un mantra con significado. El mantra en sí mismo no significa nada; es sólo una vibración, un sonido. Se convierte en sutra cuando hay una intención codificada en el sonido. *Sutra* es una palabra en sánscrito que deriva de la voz latina «sutre». Ésta es la raíz de la palabra castellana «suturar», que significa «unir con costura». Un sutra es literalmente un zurcido en el alma, un zurcido de intención. Tanto los mantras como los sutras nos permiten trascender a una conciencia más profunda. Puedes utilizar el mantra «so-hum» para trascender y después una palabra, un sutra, para sembrar una intención particular en tu conciencia.

Los mensajes de los sutras son simples y complejos al mismo tiempo. Puede tomarme todo un día o la mitad del libro, explicar y comprender el sutra «*aham brahmasmi*» («la esencia de mi ser es la realidad última, raíz y sustento de todo lo que existe»). Sin embargo, él mismo contiene la comprensión plena de ese complejo pensamiento. El sutra, esa frase, encierra su comprensión total. Con sólo ponerle atención experimentarás y comprenderás la explicación de su contenido.

Hay mantras y sutras que han sido utilizados provechosamente durante miles de años y que encontrarás en los capítulos que siguen. Son un camino para llegar al sincrodestino. Aunque las palabras en sánscrito que expresan esos sutras te suenen extrañas, eso no les resta efectividad. No tienes que entender su significado para que funcionen. Recuerda: son los sonidos de la naturaleza e incluyen su significado. El alma entenderá su significado aun cuando tú no puedas.

¿Por qué se utilizan como mantras y sutras estas antiguas palabras, en vez de otras más modernas? La respuesta tiene que ver con la potencia. La utilización de mantras y sutras nuevos dificulta el proceso de experimentar la sincronicidad. Puedo ir de mi casa a la oficina de muchas maneras: puedo tomar la carretera; guiarme con un mapa de carreteras o con uno topográfico; tomar un helicóptero; ir al muelle y tomar un barco.

Sin embargo, si tomo un camino bien andado, conocido y que he tomado muchas veces, el viaje será más fácil. Del mismo modo, los mantras y sutras que han sido utilizados durante miles de años, por millones de personas a lo largo de las generaciones, constituyen la ruta más sencilla hacia la trascendencia y el ámbito no circunscrito.

Hay una razón más para utilizar algo que ha sido empleado muchas veces antes para un propósito particular.

Cada vez que se utiliza un mantra o un sutra, se incrementan las posibilidades de que se produzca un resultado similar en un uso posterior de ese mantra o sutra. Recordarás que en la disertación sobre la onda-partícula en el capítulo 1 vimos que cada vez que una onda-partícula se transforma en un patrón de onda específico, se incrementan las posibilidades de que se transforme en el mismo patrón de onda en el futuro.

En realidad, los sutras son intenciones que aumentan las probabilidades estadísticas de conversión de una función de onda, dentro de un rango de probabilidades previsible. Esto significa que mientras más se utilice un sutra, mayor es la probabilidad de que su intención se cumpla. Por ello, es mejor usar un sutra antiguo y muy usado que uno nuevo. Procura no desanimarte por el uso del sánscrito; considera a estas antiguas palabras como aliadas, en tu búsqueda de la trascendencia que lleva al sincrodestino.

Los siguientes capítulos explican los siete principios del sincrodestino e incluyen ejercicios que fortalecerán tu comprensión. Estos siete principios son formas de pensar las características de la inteligencia no circunscrita, así como de relacionarlas con tu vida. Cada principio ofrece una lección nueva, una manera novedosa de relacionarte que te acerca al espíritu con sus posibilidades infinitas.

A continuación está el programa para alcanzar el sincrodestino, una forma específica de utilizar todos los elementos que hemos visto hasta ahora:

1. Comienza cada día en un lugar tranquilo, donde no seas molestado. Reúne símbolos de tus arquetipos y colócalos frente a ti.
2. Medita durante veinte minutos y utiliza el mantra «so-hum». Esto expande tu conciencia y te pone en un estado de ánimo receptivo.
3. Inmediatamente después de la meditación, cuando abras los ojos, observa los símbolos de tus arquetipos y hazles una invitación o invoca a las energías arquetípicas para que se expresen a través de ti. Di: «Les pido que se vuelvan parte de mí y actúen a través de mí. Guíen mi vida».
4. Lee el principio del sincrodestino que corresponde a este día. Hay siete principios del sincrodestino y siete días en la semana. El día que empieces, lee el primer principio. No tienes que comprender todos los conceptos contenidos en ese principio. Sólo léelo. En el segundo día, continúa con el segundo principio; en el tercero, con el tercero, etcétera. Te recomiendo que no saltes para atrás y para adelante. El octavo día regresa al primer principio y comienza la serie otra vez.

Cada principio tiene un sutra que condensa sus enseñanzas. Comprende a fondo el significado del sutra. Realiza los ejercicios que le corresponden, hasta que se hayan convertido en parte de tu realidad. Después de varias semanas, lograrás obtener los beneficios del capítulo entero con sólo leer el sutra. Lo ideal es que sigas este programa diariamente y que cada día, cada semana y cada mes te acerque a cumplir el destino de tu vida.

Estos primeros cuatro pasos no deben tomar más de veinte o treinta minutos. Repite el procedimiento en la noche. Durante el resto del día no tienes que hacer nada especial. Sólo vive tu vida normalmente. La meditación matutina dirige tu intención durante el día aun cuando no pienses en ello. Al leer el principio, creas esa intención y permites que la inteligencia no circunscrita sincronice los millones de acontecimientos individuales que deben ocurrir para que se cumpla. Eso es todo lo que tienes que hacer.

Aunque la intención trabaja por sí misma por medio de la sincronicidad, organizada a su vez por la inteligencia no circunscrita, la sincronicidad puede bloquearse a causa del ego. ¿Cómo podemos saber cuando el ego se interpone en el camino de nuestros sueños? Hay muchas pistas, pero la más importante es la ansiedad. Sentimos ansiedad cuando nuestro ser o espíritu está eclipsado por la propia imagen o por el ego. Nuestro ser auténtico, esencial, no siente estrés ni ansiedad. Una persona centrada no siente estrés ni ansiedad. Estos sentimientos son señal de que tu conexión íntima con la entidad no circunscrita está bloqueada. Esto le ocurre con frecuencia a la mayoría. La manera de superar este obstáculo y recuperar la dirección perdida a causa del estrés o ansiedad es con un proceso al que llamo heliotropismo.

El heliotropismo es el mecanismo natural que permite a las plantas crecer en dirección a la luz. Por extensión, creo que tus pensamientos e intenciones son el equivalente de esa luz, y que el mundo crece en la dirección que hará que esas intenciones se cumplan. Utiliza las «Afirmaciones sutra» que están al final de cada uno de los siguientes siete capítulos, siempre que sientas estrés o ansiedad o que te alejes de tu centro durante el día. Simplemente, acude a la afirmación sutra de ese día (tal vez quieras fotocopiarlas y llevarlas contigo para que puedas usarlas cuando necesites restablecer tu sentido del ser). Lee la primera afirmación en silencio y permite que surja una imagen en tu conciencia. Tan pronto como percibas la imagen, recita el sutra de ese día indicado en los ejercicios. Haz lo mismo con cada una de las afirmaciones de ese día. Tan pronto como termines todas las afirmaciones, cosa que te llevará aproximadamente un minuto, debes sentirte centrado de nuevo.

Después de cada capítulo encontrarás uno o varios ejercicios diseñados para ilustrar los principios y guiarte a una comprensión más profunda de los sutras. Estos ejercicios no son parte de la meditación diaria, sino un complemento. Realízalos cuando sientas que te gustaría dar ese paso extra hacia la comprensión de los principios del sincrodestino.

En última instancia, esto es todo lo que necesitas para llegar a donde ocurre el sincrodestino: los siete principios, los siete sutras, tus arquetipos, la capacidad de meditar utilizando el mantra «so-hum», y las afirmaciones sutra para cuando sientas que empiezas a perder tu centro. En tus manos, éstas son las herramientas que hacen que los milagros ocurran.

2

Primer principio:
Tú eres una ola en la estructura del cosmos

Sutra: Aham Brahmasmi
La esencia de mi ser es la realidad última, raíz
y sustento del Universo, fuente de todo lo que existe

El primer principio del sincrodestino reconoce la inteligencia subyacente que da origen a mi cuerpo, a tu cuerpo y al Universo como un todo, desde las estrellas y galaxias hasta las partículas subatómicas. Este campo de inteligencia consciente es la fuente del cosmos. Es el cuerpo extenso que todos compartimos, que nos vincula. La esencia de mi ser es también la esencia de tu ser y la de todos los seres.

Tú, yo y el Universo somos lo mismo. Yo soy el Universo, circunscrito en un ser humano individual. Tú también eres el Universo, circunscrito en tu cuerpo, que lee estas palabras en este momento particular del espacio-tiempo. Ambos existimos sólo como olas individuales en el campo de inteligencia consciente. Cada aspecto de nuestro ser está acoplado y concertado por esta inteligencia no circunscrita e infinita, el océano ilimitado de conciencia del cual tú, yo y el Universo surgimos. Ni siquiera nuestros pensamientos, deseos y sueños son técnicamente *nuestros*; son manifestaciones del Universo total. Cuando descubres que las intenciones y deseos que surgen en ti son las intenciones mismas del Universo, puedes renunciar a tu deseo de controlar y dejar que la vida maravillosa para la que naciste se desarrolle en toda su magnificencia.

Una vez que entiendas esta premisa, comprenderás el sutra del primer principio del sincrodestino: «la esencia de mi ser es la realidad última; es la esencia de todos los demás seres; es la fuente de todo lo que existe, raíz y sustento del Universo». Aunque parece simple, puede hacer falta toda una vida para dilucidarlo; su significado para nuestras vidas es profundo. Cuando entendemos plenamente este sencillo sutra, todo se hace posible porque todo existe en nuestro interior. Tú y yo somos lo mismo, y cada uno es el ser infinito proyectando un punto de vista particular, tu punto de vista y mi punto de vista. Mi ser es inseparable de todo lo que existe, tal como el tuyo es inseparable de todo lo que existe.

El poder de este pensamiento emerge cuando nos damos cuenta de que el ser trabaja sincrónicamente. Como yo soy una extensión de la inteligencia consciente, y ésta es la fuente de toda la realidad, entonces yo soy la fuente de toda la realidad. Yo creo mi propia experiencia.

La intención brota de nuestros deseos más profundos y éstos son moldeados por el karma. Tú y yo no tenemos el mismo karma; por ello, no poseemos exactamente los mismos deseos. Hemos amado a personas diferentes, nos hemos arrodillado ante tumbas distintas, hemos rezado en altares diversos. Las particularidades del deseo son únicas para cada uno.

No obstante, si seguimos la cadena del deseo, al final todos somos lo mismo. Queremos ser felices; queremos sentirnos realizados; queremos que nuestras vidas tengan significado y propósito; queremos una sensación de conexión con Dios o con lo espiritual; queremos que los demás nos respeten y amen; queremos sentirnos seguros. Estos deseos son universales, pero la ruta que seguimos para satisfacerlos es exclusiva de cada uno y se basa en las experiencias y los recuerdos individuales, es decir, en el karma. Todos nos dirigimos hacia el mismo destino, pero tomamos caminos diferentes. Llegamos juntos después de recorrer distintas rutas.

EJERCICIO 1: EL TESTIGO SILENCIOSO

Ve a un lugar tranquilo donde no seas molestado. Pon tu cinta o CD de música relajante favorito. Cierra los ojos. Una vez que lo hagas, dirige tu atención hacia quien está escuchando en realidad. Empieza a percibir dos facetas distintas de ti mismo. Tus oídos reciben el sonido y tu cerebro procesa las notas, pero eso es sólo el aspecto mecánico. ¿Quién conecta las notas de manera que formen música? Mientras estás *pensando* en el proceso de escuchar, ¿quién escucha efectivamente?

Percibe al testigo silencioso, el escucha silencioso que siempre está presente. Esta presencia no sólo está en ti, sino en el espacio que te rodea. Es esa parte de ti que está más allá de los pensamientos y sentimientos del momento, la parte que nunca se cansa y nunca duerme. Tampoco puede ser destruida. Reconoce que este testigo silencioso siempre está ahí. Es esa parte de ti que puedes atisbar cuando el parloteo de tus pensamientos es silenciado a través de la meditación. ¿Puedes sentir esta corriente más profunda de conciencia en tu interior?

La conciencia de este testigo silencioso marca el inicio de la conciencia del campo de inteligencia consciente, la fuente de todas las sincronicidades de nuestra vida.

EJERCICIO 2: ¿POR QUÉ ESTÁS AQUÍ?

Para este ejercicio necesitarás papel, pluma y diez minutos sin interrupciones.

Pregúntate por qué estás aquí. Escribe lo primero que se te ocurra. Esta pregunta está abierta a muchas interpretaciones, por lo que debes anotar cualquier pensamiento que desencadene. No te preocupes por cómo escribes; ni siquiera tienen que ser oraciones completas.

Ahora plantéate la pregunta otra vez: ¿Por qué estás aquí? Escribe una nueva respuesta. Haz esto veinte veces. Sigue buscando formas nuevas de interpretar la pregunta, de modo que cada réplica sea única y responda a un aspecto distinto de la pregunta.

Ahora revisa tus respuestas. ¿Qué te dicen? ¿Puedes discernir algún patrón o progresión? ¿Qué te dice esto sobre cómo ves la vida?

Puedes considerar tu vida como una serie de acontecimientos externos e internos, pero también puedes aprender a ver un vínculo entre esos acontecimientos, entre sí y entre ellos y algo más espiritual. Cuando lo hagas, empezarás a ver tu vida como una oportunidad para compartir el don especial que sólo tú puedes aportar al mundo. Ésta es una respuesta a la pregunta de por qué estás aquí. Esta clase de claridad de propósito te ayudará a dirigir tus intenciones.

AFIRMACIONES SUTRA PARA EL PRIMER PRINCIPIO

Imagina que el Universo entero está siendo representado en tu interior.

(Cuando tengas una imagen en la mente, di *Aham brahmasmi*)

Imagina que estás conectado con todo lo que existe.

(*Aham brahmasmi*)

Imagina que eres como una cuenta de cristal. Reflejas la luz de todos los demás seres sensitivos. También reflejas la luz de todo el Universo.

(*Aham brahmasmi*)

Imagina que eres una hebra del hilo cósmico, conectada con todas las demás hebras.

(*Aham brahmasmi*)

Imagina que eres eterno.

(*Aham brahmasmi*)

3

Segundo principio:
Descubro mi yo no circunscrito
a través del espejo de relaciones

Sutra: Tat Tvam Asi
Me veo en los demás y veo a los demás en mí mismo

La comprensión del funcionamiento de las relaciones humanas es una de las claves más importantes del sincrodestino. En Occidente tendemos a esperar que la psicología popular nos proporcione estrategias para manejar nuestros pensamientos y sentimientos. Con demasiada frecuencia, los libros de autoayuda nos proponen manipular nuestras relaciones para hacerlas más satisfactorias. Sin embargo, el desarrollo de relaciones humanas positivas implica mucho más que una táctica; significa crear un entorno humano en el que el sincrodestino pueda manifestarse. Esto es absolutamente fundamental, en el mismo sentido en que lo es la fuerza de gravedad o el aire que respiramos.

El mantra para este principio dice: «Yo soy aquello». Este principio se basa en el primero, en el que aprendimos que todos somos extensiones del campo universal de energía, distintos puntos de vista de una entidad única. *Yo soy aquello* implica ver todas las cosas del mundo, ver a todas las personas del mundo y darnos cuenta de que estamos mirando otra versión de nosotros. Tú y yo somos lo mismo. Todo es lo mismo. Yo soy aquello, tú eres aquello, todo es aquello. Todos somos espejos de los demás y debemos aprender a vernos en el reflejo de las demás personas. A esto se le llama espejo de las relaciones. A través del espejo de una relación, descubro mi yo no circunscrito. Por esta razón, el desarrollo de las relaciones es la actividad más importante de mi vida. Todo lo que veo a mi alrededor es una expresión de mí mismo.

Por todo esto, las relaciones son una herramienta para la evolución espiritual cuya meta última es la unidad en la conciencia. Todos somos inevitablemente parte de la misma conciencia universal, pero los verdaderos avances tienen lugar cuando empezamos a reconocer esa conexión en nuestra vida cotidiana.

Las relaciones son una de las maneras más efectivas para alcanzar la unidad en la conciencia, porque siempre estamos envueltos en relaciones. Piensa en la red de relaciones que mantienes: padres, hijos, amigos, compañeros de trabajo, relaciones amorosas. Todas son, en esencia, experiencias espirituales. Por ejemplo, cuando estás enamorado, romántica y profundamente enamorado, tienes una sensación de atemporalidad. En ese momento, estás en paz con la incertidumbre. Te sientes de maravilla, pero vulnerable; sientes cercanía pero también desprotección. Estás transformándote, cambiando, pero sin miedo. Te sientes maravillado. Ésa es una experiencia espiritual.

A través del espejo de las relaciones, de cada una de ellas, descubrimos estados prolongados de conciencia.

Tanto aquellos a quienes amamos como aquellos por quienes sentimos rechazo, son espejos de nosotros. ¿Hacia quiénes nos sentimos atraídos? Hacia las personas que tienen características similares a las nuestras, pero eso no es todo. Queremos estar en su compañía porque subconscientemente sentimos que al hacerlo, nosotros podemos manifestar más de esas características. Del mismo modo, sentimos rechazo hacia las personas que nos reflejan las características que negamos de nosotros. Si sientes una fuerte reacción negativa hacia alguien, puedes estar seguro de que tú y esa persona tenéis características en común, características que no estás dispuesto a aceptar. Si las aceptaras, no te molestarían.

Cuando reconocemos que podemos vernos en los demás, cada relación se convierte en una herramienta para la evolución de nuestra conciencia. Gracias a esta evolución experimentamos estados extendidos de conciencia. Es en estos estados, cuando accedemos al ámbito no circunscrito, que podemos experimentar el sincrodestino.

La próxima vez que te sientas atraído por alguien, pregúntate qué te atrajo. ¿Su belleza, gracia, elegancia, autoridad, poder o inteligencia? Cualquier cosa que haya sido, sé consciente de que esa característica también florece en ti. Si prestas atención a esos sentimientos podrás iniciar el proceso de convertirte en ti más plenamente.

Obviamente, lo mismo se aplica a las personas hacia las que sientes rechazo. Al adoptar más plenamente tu verdadero yo, debes comprender y aceptar tus características menos atractivas. La naturaleza esencial del Universo es la coexistencia de valores opuestos. No puedes ser valeroso si no tienes a un cobarde en tu interior; no puedes ser generoso si no tienes a un tacaño; no puedes ser virtuoso si careces de la capacidad para actuar con maldad.

Gastamos gran parte de nuestras vidas negando este lado oscuro y terminamos proyectando esas características oscuras en quienes nos rodean. ¿Has conocido personas que atraigan sistemáticamente a su vida a los sujetos equivocados? Normalmente, aquéllas no comprenden por qué les sucede esto una y otra vez, año tras año. No es que atraigan esa oscuridad; es que no están dispuestas a aprobarlas en sus propias vidas. Un encuentro con una persona que no te agrada es una oportunidad para aceptar la paradoja de la coexistencia de los opuestos; de descubrir una nueva faceta de ti. Es otro paso a favor del desarrollo de tu ser espiritual. Las personas más esclarecidas del mundo aceptan todo su potencial de luz y oscuridad. Cuando estás con alguien que reconoce y aprueba sus rasgos negativos, nunca te sientes juzgado. Esto sólo ocurre cuando las personas ven el bien y el mal, lo correcto y lo incorrecto, como características externas.

Cuando estamos dispuestos a aceptar los lados luminoso y oscuro de nuestro ser, podemos empezar a curarnos y a curar nuestras relaciones. Empieza por algo muy simple, con la persona más desagradable que se te pueda ocurrir. Por ejemplo, piensa en Adolfo Hitler y di: ¿Cómo es posible que yo pueda parecerme a Hitler? La mayoría se niega a aceptar algún parecido, por mínimo que sea, con Adolfo Hitler. Pero piénsalo detenidamente. ¿Alguna vez has expresado prejuicios con respecto a algún grupo de personas por su nombre, su color de piel, su acento, su discapacidad? Si puedes pensar en algún ejemplo de esto en tu vida, entonces debes aceptar la similitud entre tú y Adolfo Hitler. Todos somos multidimensionales, omnidimensionales. Todo lo que existe en algún lugar del mundo también existe en nosotros. Cuando aceptamos esos distintos aspectos de nuestro ser, reconocemos nuestra conexión con la conciencia universal y expandimos nuestra conciencia personal.

Hay un maravilloso relato sufí que ilustra la manera en que este espejo influye en nuestras vidas. Un hombre llegó a un pueblo y fue a ver al maestro sufí, el anciano sabio de la localidad. El visitante dijo:

—Estoy considerando mudarme aquí. Me preguntaba qué clase de vecindario es éste. ¿Puede decirme cómo son las personas de aquí?

—Dime qué clase de personas vivían en el lugar de donde vienes —dijo el maestro sufí.

—Oh, eran salteadores, estafadores y embusteros.

—¿Sabes algo? Ésa es exactamente la clase de personas que viven aquí.

El visitante se fue y nunca volvió. Media hora después, otro hombre entró al pueblo, buscó al maestro sufí y le dijo:

—Estoy pensando en mudarme para acá. ¿Puede decirme qué clase de personas viven aquí?

—Dime qué clase de personas vivían en el lugar de donde vienes —volvió a responder el maestro.

—Oh, eran las personas más amables, dulces, compasivas y afectuosas. ¡Los voy a extrañar muchísimo!

—Ésa es exactamente la clase de personas que vive aquí —dijo el maestro.

Esta historia nos recuerda que las características que distinguimos más claramente en los demás están presentes en nosotros. Cuando seamos capaces de ver en el espejo de las relaciones, podremos empezar a ver nuestro ser completo. Para esto es necesario estar en paz con nuestra ambigüedad, aceptar todos los aspectos de nosotros. Necesitamos reconocer, en un nivel profundo, que tener características negativas no significa que seamos imperfectos. Nadie tiene exclusivamente características positivas. La presencia de características negativas sólo significa que estamos completos; gracias a esta totalidad, podemos acceder más fácilmente a nuestro ser universal, no circunscrito.

EJERCICIO 3: ACEPTAR LA DUALIDAD

Para este ejercicio, necesitas una hoja de papel y una pluma.

Piensa en una persona que te resulte muy atractiva. En el lado izquierdo del papel haz una lista de diez o más características positivas de esa persona. Anota todo lo que se te ocurra. Escribe rápidamente. El secreto está en no darle tiempo a tu mente consciente para que edite tus pensamientos. ¿Por qué te gusta esta persona? ¿Por qué la encuentras atractiva? ¿Qué admiras en ella? ¿Es una persona amable, afectuosa, flexible, independiente? ¿Admiras que maneje un auto hermoso, que luzca un peinado favorecedor, que viva en una casa bonita? Sólo tú vas a ver esta lista; sé completamente honesto. Si te atoras antes de llegar a diez características, di en voz alta: «Me gusta esta persona porque...» y llena el espacio en blanco. Puedes escribir tantas como quieras, pero no te detengas antes de llegar a diez.

Ahora trae a tu conciencia a alguien que te resulte repulsivo, alguien que te moleste, te irrite, te exaspere o te incomode en alguna forma. Empieza a definir las características específicas que te parecen poco atractivas. En el lado derecho del papel, elabora una lista de diez o más de estos rasgos indeseables. ¿Por qué te molesta esa persona? ¿Por qué te molesta o enfurece? Escribe tantas características como quieras, pero no te detengas antes de diez.

Cuando hayas terminado ambas listas, piensa de nuevo en la persona que te parece atractiva e identifica al menos tres características poco atractivas de ella. No rechaces esta idea; nadie es perfecto (mientras más puedas aprender a aceptar esto en los demás, más dispuesto estarás a hacerlo en ti). Luego piensa en la persona que te parece poco atractiva e identifica tres rasgos que sean relativamente interesantes.

Ahora debes tener, al menos, 26 características escritas en el papel. Léelas todas y encierra en un círculo las que puedas reconocer en ti. Por ejemplo, si escribiste «compasivo» para la persona atractiva, pregúntate si alguna vez has actuado con compasión. Si es así, encierra esa palabra. No lo pienses demasiado; responde con lo primero que se te ocurra. Haz esto con todas las palabras de la lista; encierra las que describan un rasgo que puedas identificar en tu propia naturaleza.

Lee la lista otra vez. Entre las palabras que no encerraste, encuentra las que definitivamente no te puedes aplicar, las que no te describen en absoluto. Señálalas con una palomita.

Por último, entre las palabras encerradas en un círculo, identifica las tres que mejor te describan. Da la vuelta a la hoja y escribe esas tres palabras. Luego vuelve a las palabras palomeadas e identifica las tres que menos te describan, las que por ninguna circunstancia se te pueden aplicar. Escribe estas tres palabras atrás de la hoja, debajo de las tres que mejor te describen. Lee esas seis palabras: las tres que mejor te describen y las tres que menos se te aplican. *Tú tienes todos estos rasgos y características.* Las características que niegas con mayor energía también son parte de ti, y probablemente son las que provocan más turbulencias en tu vida. Atraes a las personas que tienen estas seis características, las más positivas porque tal vez sientas que no las mereces, y las más negativas porque te rehusas a reconocer su presencia en tu vida.

Una vez que puedas verte en los demás, será mucho más fácil establecer contacto con ellos y, a través de esa conexión, descubrir la conciencia de la unidad. La puerta que lleva al sincrodestino estará abierta. Éste es el poder del espejo de las relaciones.

EJERCICIO 4: NAMASTE

La palabra sánscrita «Namaste» (que se pronuncia namastéi) significa «el espíritu que está en mí honra al espíritu que está en ti». Cuando establezcas contacto visual por primera vez con otra persona, di para ti: «Namaste». Ésta es una forma de reconocer que el ser que está ahí, es el mismo que está aquí.

Cuando lo haces, la otra persona reconoce en un nivel profundo todo lo que tiene que ver contigo: tu lenguaje corporal, tu expresión, tus palabras, tu timbre de voz. Aunque este saludo se hace en silencio, la otra persona percibirá consciente o inconscientemente el respeto implícito en él. Practica este ejercicio unos días y verifica si puedes notar alguna diferencia en tus interacciones con los demás.

AFIRMACIONES SUTRA PARA EL SEGUNDO PRINCIPIO

Imagina que tu espíritu no sólo está en ti sino en todos los demás seres y en todo lo que existe.
(*tat tvam asi*)
Imagina que todos son un reflejo de ti.
(*tat tvam asi*)
Imagina que cuando miras el Universo estás mirando tu espejo.
(*tat tvam asi*)
Imagina que ves lo que los demás ven.
(*tat tvam asi*)
Imagina que puedes sentir lo que los demás sienten.
(*tat tvam asi*)
Imagina que eres las características que más admiras en los demás.
(*tat tvam asi*)
Imagina que los demás reflejan las características que más aprecias de ti.
(*tat tvam asi*)
Imagina que eres una persona que está en un salón de espejos. Puedes verte a kilómetros de distancia y cada reflejo que ves es de ti mismo aunque parece distinto.
(*tat tvam asi*)

4

Tercer principio:
Domina tu diálogo interno

Sutra: Sat Chit Ananda
Mi diálogo interno refleja el fuego de mi alma

El tercer principio describe cómo tu mente crea tu realidad, y cómo al dominar tu diálogo interno puedes transformar la realidad para crear abundancia.

El mantra *sat chit ananda* nos dice que nuestra alma es ese lugar que es espontáneamente amor, conocimiento y felicidad absolutos. *Sat* significa verdad, libertad de todas las limitaciones. *Chit* significa conocimiento total, intuición o conciencia pura. *Ananda* significa dicha, felicidad total, realización absoluta. Así pues, el significado de la frase es: «Mi alma está libre de limitaciones. Mi alma es intuitiva. Mi alma está plenamente realizada».

El diálogo interno es una de nuestras características más elementales. Cuando conocemos a las personas solemos fijarnos en cómo van vestidas, en el auto que manejan, en el reloj que usan. Con base en todas estas pistas externas, nos formamos una impresión del individuo. Pero este juicio precipitado no es más que el resultado de la conversación de nuestro ego consigo mismo. Esta voz juzga constantemente esto y evalúa aquello. Este diálogo interno cumple una función importante: al elaborar juicios contribuye a la sobrevivencia: «Esta persona puede ser peligrosa». «Esta fruta puede hacerme bien.» «Éste puede ser un mal momento para pedir un aumento.» Aunque es útil, esta voz puede hacerte creer que tú y ella son lo mismo, que sus objetivos son tus objetivos. Pero como hemos visto, hay otro lugar en tu interior donde reside el testigo silencioso. Éste es el lugar donde estableces contacto con el espíritu, donde la mente circunscrita da paso a la mente no circunscrita. Éste es el lugar al que puedes acceder a través de la meditación.

DIÁLOGO INTERNO Y PODER PERSONAL

La sincronización con el campo de inteligencia da como resultado el equilibrio físico, emocional y espiritual; nos brinda una fortaleza y flexibilidad que nos permiten superar sin esfuerzo cualquier reto. Adquirimos la capacidad de transformar los retos, de manera que nos enriquezcan y reunimos más fuerza al superarlos.

Nuestro diálogo interno nos permite este gran poder, porque es, en realidad, el diálogo interno del campo de inteligencia consciente. Cuando estamos sintonizados con la conciencia universal, cuando estamos sincronizados con el campo de inteligencia no circunscrita, recibimos el poder que emana de su fuerza ilimitada. Este poder viene desde dentro y, cuando lo tenemos, no hay nada que no podamos hacer.

Hay dos clases de poder que emanan del ser. El primero es el poder adjudicado, que proviene de tener un nombre famoso, mucho dinero o un título impresionante. El poder adjudicado puede ser formidable, pero al fin y al cabo, se agota. El poder verdadero proviene del interior y su fundamento es espiritual y no material; es permanente y no muere con nuestro cuerpo. Con la adjudicación, la identidad y el poder provienen de alguna referencia externa: un objeto, una situación, un símbolo de estatus, una relación, el dinero. En el poder personal, la identidad resulta de escuchar al ser auténtico y el poder proviene de la referencia interna del espíritu.

Cuando actúas con base en esta referencia interna, tu sentido del yo es diáfano y no se ve afectado por factores externos. Ésta es la fuente del poder personal. Cuando los factores externos dejan de influir en tu sentido del yo, te vuelves inmune a la crítica y la adulación. También llegas a entender que todos somos iguales porque estamos conectados con el mismo flujo de inteligencia consciente. Esto significa que comprendes que en esta vida no estás por debajo ni por arriba de nadie. No tienes que pedir, rogar ni convencer a nadie de nada porque no tienes que convencerte a ti.

Aunque todo esto suena maravilloso, muy pocos alcanzan este estado de referencia interna. Con demasiada frecuencia enturbiamos el mensaje al permitir la intervención del ego. Nuestros pensamientos, influidos por factores externos —preocupaciones económicas, estrés laboral, tensión en nuestras relaciones—, terminan entorpeciendo nuestro desarrollo espiritual y desviándonos en dirección opuesta a la que queremos seguir.

Las mejores dos formas de vencer esa tendencia son la meditación y la práctica consciente del diálogo interno positivo. El diálogo interno positivo nos ayuda a avanzar en la dirección correcta, promueve la sincronicidad y fomenta el desarrollo espiritual. Con un diálogo interno positivo podemos crear poder personal.

Por ejemplo, supón que tu empleo actual no te satisface y quieres encontrar otro. Empiezas a hojear los periódicos y a hablar con amigos relacionados con tu profesión, pero nada sucede. Tal vez te sientas frustrado y tu diálogo interno concluya: «No hay nada para mí allá afuera». Observa y contrasta esa respuesta con un ejemplo de una parte muy distinta del mundo. Imagina que un cazador de la selva del Amazonas, tiene dificultades para hallar presas. Si acude con un chamán para buscar una solución, ninguno de los dos la buscará en otra parte que no sea el interior del cazador. Jamás se les ocurre decir algo como: «No hay nada para mí allá afuera», pues saben que los animales están ahí. El problema es que hay algo en el interior del cazador que evita que los encuentre, algo que los aleja. Así pues, el chamán le pide al cazador que participe en un ritual diseñado para cambiar lo que está en su corazón y mente, pues el corazón y la mente son los que controlan la realidad externa.

Cuando nos sorprendemos mirando al mundo y diciendo «no hay nada para mí allá afuera», tal vez debiéramos ver en nuestros corazones y decir: «Si no hay nada allá afuera, ¿hay algo aquí adentro?».

Debemos examinar nuestro diálogo interno, para descubrir los sitios donde bloqueamos el flujo de energía consciente, con el fin de hacer a un lado el ego, apartarnos del camino y permitir que el fuego del alma resplandezca a través de nosotros.

Los sabios védicos dicen que si tienes fuego en el alma, éste se refleja en el brillo de tus ojos. Se refleja espontáneamente en tu lenguaje corporal y en tus movimientos. Todo lo que piensas, sientes, dices y haces refleja ese mismo fuego. ¿Qué apariencia tiene? No hay reglas absolutas, pero el espíritu se refleja en expresión y comportamiento impecables que se abstienen de cualquier cosa que pudiera considerarse hiriente.

El espíritu se refleja en confianza, felicidad, buen humor, audacia, amabilidad y consideración. La calidad de tu diálogo interno resulta evidente para los demás de manera inmediata, aunque tal vez no la reconozcan como lo que es. Cuando practicas el diálogo interno positivo, las personas quieren establecer vínculos afectivos contigo, ayudarte, estar cerca de ti. Quieren compartir el amor, la conciencia y la dicha que resplandece en tus ojos, y que se refleja en cada uno de tus actos. Éste es el verdadero poder interior.

EJERCICIO 5: EL FUEGO DE TUS OJOS

El fuego de tu alma se reflejará en tus ojos. Siempre que te mires en un espejo, aunque sea por uno o dos segundos, haz contacto visual con tu imagen y repite en silencio los tres principios que constituyen el fundamento de la autonomía personal.

En primer lugar, di: *Soy totalmente independiente de las opiniones buenas o malas de los demás.* En segundo lugar: *No estoy por debajo de nadie.* En tercer lugar: *Soy valeroso ante cualquier desafío*. Mira tus ojos en el espejo y observa cómo se reflejan esas actitudes. Sólo en tus ojos, no en tu expresión facial. Busca el brillo de tus ojos para recordar el fuego de tu alma.

<small>AFIRMACIONES SUTRA PARA EL TERCER PRINCIPIO</small>

Imagina que estás centrado y en completa paz.
(*sat chit ananda*)
Imagina que observas el mundo con paz y sabiduría.
(*sat chit ananda*)
Imagina que no te afectan la adulación ni la crítica.
(*sat chit ananda*)
Imagina que estás concentrado en el viaje, no en el destino.
(*sat chit ananda*)
Imagina que en tu presencia, toda hostilidad es superada por una profunda paz.
(*sat chit ananda*)
Imagina que no te interesan los resultados.
(*sat chit ananda*)
Imagina que hay dentro de ti un profundo océano que no es afectado por turbulencia alguna.
(*sat chit ananda*)
Imagina que el amor irradia de ti como lo hace la luz de una hoguera.
(*sat chit ananda*)
Imagina que estás enamorado de todo y de todos. Imagina que estás embriagado de amor.
(*sat chit ananda*)

Imagina que la respuesta correcta viene a ti, de manera espontánea; siempre que te preguntan algo.

(*sat chit ananda*)

Imagina que sabes exactamente qué hacer en cualquier situación.

(*sat chit ananda*)

5

Cuarto principio:
La intención pone en movimiento la red
del Universo

Sutra: San Kalpa
Mis intenciones tienen un poder infinito de organización

Nuestras intenciones son una manifestación del Universo total porque nosotros somos parte de él; además, contienen en sí mismas los elementos necesarios para su cumplimiento. Todo lo que necesitamos realmente es claridad en nuestra intención. Si podemos quitar al ego del camino, las intenciones se cumplirán por sí mismas. Nuestras intenciones atraen los elementos y fuerzas, los sucesos, las situaciones, las circunstancias y las relaciones necesarias para alcanzar su resultado. De hecho, no tenemos que participar en los detalles; esforzarse demasiado puede resultar contraproducente. La inteligencia no circunscrita sincroniza los actos del Universo para cumplir tus intenciones por ti. La intención es una fuerza natural como la gravedad, pero más poderosa. Nadie tiene que concentrarse en la gravedad para que ésta actúe. Nadie puede decir: «No creo en la fuerza de gravedad» porque es algo que actúa en el mundo, la entendamos o no. La intención funciona de la misma manera.

A manera de ejemplo, piensa en alguna ocasión en la que hayas querido recordar alguna cosa relativamente banal, el nombre de una persona o el título de un libro. Lo tenías en la punta de la lengua, pero no podías recordarlo. Una vez que haces memoria echas a andar una intención, pero mientras más te esfuerzas, más inasequible parece la información. Sin embargo, si logras quitar a tu ego del camino y abandonas el procedimiento de rememoración, tu intención pasa al ámbito virtual y a su poder infinito de organización. Aun cuando tú hayas pasado a otros pensamientos, el ámbito virtual sigue buscando la información sin tu participación consciente. Más tarde, cuando estás a punto de dormir o viendo una película, el nombre que con tanto esfuerzo tratabas de recordar simplemente salta a tu conciencia. Este ejemplo ordinario ilustra la manera en que funciona la intención. Todo lo que tenemos que hacer es generar la intención y dejar que el Universo se haga cargo.

La única preparación o participación que se requiere para liberar el poder de la intención es la conexión con el campo de inteligencia consciente. Ésta puede lograrse de muchas maneras, pero una de las mejores es la meditación. Cuando una persona alcanza cierto nivel de conciencia, cualquier cosa que intente empieza a ocurrir. Hay personas que están tan vinculadas con el campo de inteligencia consciente que cada una de sus intenciones se manifiesta. El Universo entero se organiza alrededor de ellas. Lo anterior no quiere decir que todas sus intenciones personales se cumplan; más bien que las personas que están conectadas con el campo de inteligencia consciente adoptan las intenciones del Universo. Sus intenciones se cumplen, porque la mente cósmica está utilizando esas intenciones para satisfacer sus propios deseos.

Debemos buscar oportunidades para hacer uso de las intenciones, porque la sociedad no las ofrece. Si eres como la mayoría de las personas, no tendrás muchas oportunidades de ir a un retiro en la montaña para concentrarte en el desarrollo de tu espíritu. Lo más seguro es que tengas un momento libre cuando estés atorado en el tráfico o cuando esperes una importante llamada telefónica en tu oficina. Éstas son oportunidades para practicar la conciencia atemporal y la intención espiritual.

Una intención no es un simple capricho. Requiere atención y también desapego. Una vez que has generado la intención conscientemente, debes ser capaz de desvincularte del resultado y dejar que el Universo se ocupe de los detalles de su cumplimiento. De otra manera, el ego se interpone y enturbia el proceso. Si tu intención no se cumple tan rápido como quisieras, te sentirás frustrado; tu sentido de autosuficiencia puede sentirse amenazado o quizá empieces a experimentar lástima por ti mismo. En la naturaleza, la intención elabora su propio cumplimiento. Lo único que puede interferir es que esté dominada por los deseos de tu propio ego y por intereses totalmente egoístas.

Por supuesto, la mejor manera de lograr que cada una de tus intenciones se cumplan consiste en ajustarlas a la intención cósmica, en crear una armonía entre lo que tú quieres y lo que el Universo quiere para ti. Una vez que surja esta congruencia comprobarás que la sincronicidad empezará a desempeñar un papel importante en tu vida. La mejor manera de crear esa armonía es fomentar una sencilla actitud de gratitud. Reconoce tu gratitud por todo lo que hay en tu vida. Da gracias por tu lugar en el cosmos y por la oportunidad que tienes de promover el destino que compartimos todos. Parte de crear armonía, implica abandonar cualquier tipo de aflicciones; éstas provienen del ego. Los animales no tienen problemas con rencores ni aflicciones; sólo los humanos cargamos la intención con toda clase de bagajes emocionales. Debes dejar atrás todo eso para poder crear una intención pura.

EJERCICIO 6: CÓMO CONCENTRAR LA INTENCIÓN

La mejor manera de concentrarnos en las intenciones consiste en escribirlas. Aunque éste puede parecer un primer paso obvio, muchas personas lo ignoran. Como resultado, sus intenciones frecuentemente carecen de concentración y por ello no se cumplen.

Ve a un lugar tranquilo donde no seas molestado. Escribe lo que quieres en todos los distintos niveles del deseo. Incluye deseos materiales, de relaciones, de autoestima, de gratificación del ego, espirituales. Sé lo más concreto que puedas.

Pregúntate qué quieres en el nivel material en cuanto a abundancia y afluencia. ¿Quieres tener una casa propia de cuatro recámaras? Escribe eso. ¿Quieres tener la capacidad de mandar a tus hijos a la universidad? Escribe eso. Piensa también en tus deseos de gratificación sensual: oído, tacto, vista, gusto, olfato y sensualidad, cualquier cosa que complazca tus sentidos. Pregúntate qué quieres en el ámbito de las relaciones. Escribe tus deseos para todas ellas: compañeros sentimentales, hijos, padres, amigos y relaciones profesionales.

Escribe qué quieres en cuanto a logros o reconocimiento personal. Identifica qué quieres en un nivel más universal. ¿Cómo puedes ayudar? ¿Qué quieres hacer con tu vida desde el punto de vista de tu sociedad, tu país, tu civilización? ¿Con qué quieres contribuir? Escribe lo que quieres en cuanto a descubrir tu sentido más elevado del yo. ¿Quién quieres ser? ¿Qué espiritualidad quieres incorporar a tu vida? Escribe todo lo que desees en una hoja de papel. Agrega o elimina deseos de tu lista conforme vayan cambiando o se cumplan.

Medita sobre cómo sería la vida si todos estos deseos se cumplieran. Ve si puedes generar visiones interiores de satisfacción genuina, en los niveles material y espiritual. No te preocupes por tener estas visiones en algún orden en particular, ni porque sean realistas o no. Sólo aprécialas, siéntelas con los cinco sentidos. El objetivo es lograr una atención congruente en estos niveles de aspiración. Cuando hay esa clase de congruencia, el diálogo interno es muy poderoso y claro; te ayudará a alcanzar la conciencia de unidad.

Las intenciones no necesitan atención constante, pero sí necesitan mantenerse concentradas. Éste es un hábito que puedes desarrollar con el tiempo. Mira tu lista una o dos veces al día. Léela inmediatamente antes de meditar. Cuando entras en meditación silencias al yo. El ego desaparece. Como resultado, te desvinculas de los resultados, no te involucras en los detalles y permites

179

que el poder infinito de organización de la inteligencia profunda organice y cumpla por ti todos los detalles de tus intenciones. La clave consiste en retirarse del nivel del ego, del nivel del yo y de la autoestima, permitir que la inteligencia no circunscrita organice el cumplimiento de tus deseos, a través de la sincronicidad.

Al principio puedes ser todo lo egoísta que quieras. Incluso, tus intenciones pueden centrarse en el «yo» y en los pequeños detalles de lo que quieres que ocurra en tu vida. Sin embargo, con el tiempo descubrirás que el objetivo es lograr la satisfacción en todos los niveles, no sólo en el del ego o personal. Conforme empieces a ver el cumplimiento de tus intenciones, tus intereses egoístas disminuirán porque sabrás que puedes tenerlo todo. Cuando tienes suficiente comida no te obsesionas con comer todo el tiempo. Con las intenciones pasa lo mismo. Cuando sabes que su cumplimiento es posible, piensas menos en tus necesidades personales y más en las del resto del mundo. Éste es un proceso que pasa por varias etapas. Sé paciente, pero observa cómo empiezan a ocurrir milagros.

EJERCICIO 7: EL SUTRA DEL CORAZÓN

Éste es un ejercicio de meditación que demuestra el poder de la intención, pero es más que una mera demostración. Practica este ritual regularmente para concentrar tu atención y tu intención.

Ve a un lugar donde no seas molestado durante quince minutos. Cierra los ojos y practica el mantra del sonido primordial «so-hum» durante cinco minutos para ubicar tu conciencia en tu respiración.

Después de cinco minutos, ubica tu conciencia mental en el área de tu corazón, en medio de tu pecho. Con tu atención en el corazón puedes empezar a sentir que éste empieza a latir con más fuerza. Esto es normal. Conforme sientas los latidos, empieza a percibir gratitud. Para sentirla, piensa en todas las cosas, sucesos y relaciones de tu vida por las que tienes alguna razón de estar agradecido. Permite que esas imágenes salgan a la superficie en tu conciencia, mientras mantienes tu atención en el corazón. Tómate un momento para pensar en todas las personas que amas, y en todas las que comparten su amor contigo.

Entonces di: «*Cada decisión que tomo es una opción entre una aflicción y un milagro. Elijo los milagros y dejo atrás las aflicciones*». Ciertas aflicciones y resentimientos, y las personas relacionadas con ellos, pueden saltar a tu conciencia. Si lo hacen, sólo di: «*Dejo atrás las aflicciones. Elijo los milagros*». Entonces toma conciencia de tu corazón otra vez y empieza a inhalar con la intención de llenarlo de aire. Mientras lo haces, di: «*Amor, conciencia, dicha, amor*», y luego exhala a la misma cuenta de cuatro. Entre cada inhalación y exhalación, realiza una pausa de varios segundos. Practica esto durante tres o cuatro minutos.

Por medio de la meditación sutra del corazón, el fuego de tu alma, que es amor, conciencia y dicha, empezará a difundirse a través del corazón. Aquí es donde se unen los principios tercero y cuarto del sincrodestino: ahora, el fuego de tu alma empieza a crear tu intención.

Después de decir varias veces: «*Dejo atrás las aflicciones y elijo los milagros*», empieza a repetir mentalmente la frase: «*Ustedes se cumplirán*». Esto prepara a tu mente para recibir la intención de la inteligencia no circunscrita y para comprender que ésa es, simultáneamente, tu intención.

Después de un minuto aproximado, deja ir todos los pensamientos y dirige toda la atención hacia tu corazón. Percibe sus latidos, ya sea como sonido o como sensación. Siente cómo palpita. Una vez que puedas sentirlo, transfiere tu atención a tus manos y siente en ellas el latido del corazón. Propón la intención de incrementar el flujo sanguíneo a tus manos. Sólo ten la intención. Conforme el flujo se incremente, percibirás la aceleración de tu pulso, calor, cosquilleos o alguna otra sensación. Propón la intención de incrementar la temperatura de manera que tus manos se calienten, más y más. Siente el calor de tus manos mientras la intención aumenta por sí sola el flujo sanguíneo.

Cuando tus manos se hayan calentado, dirige tu atención hacia la cara, hacia la parte que rodea los ojos, y ten la misma intención. Incrementa el flujo sanguíneo a tu cara de manera que empiece a sonrojarse y calentarse. Sólo ten la intención. Tal vez sientas palpitaciones o cosquilleos alrededor de los ojos, conforme el flujo sanguíneo aumente y tu cara se caliente.

Al final, dirige tu atención otra vez al corazón. Imagina que hay un puntito de luz que pulsa en él y que está en sincronía con sus latidos. Este punto de luz es la luz de tu alma y late con las tres cualidades del alma: amor, conciencia y dicha o *sat chit ananda*. Siente este punto de amor, conciencia y dicha mientras late. Está emitiendo

182

una luz radiante al resto de tu cuerpo. Deja que el punto de luz se desvanezca lentamente de tu conciencia, y dirige ésta a todo tu cuerpo. Percibe las sensaciones. Ahora abre los ojos. La meditación ha concluido.

AFIRMACIONES SUTRA PARA EL CUARTO PRINCIPIO

Imagina que el Universo es un vasto océano de conciencia y que tus intenciones, que salen disparadas de tu corazón, son ondas que lo atraviesan.
(*san kalpa*)
Imagina que tu intención está organizando la actividad infinita del Universo, y que sirve de contrapeso para el ecosistema de seres individuales.
(*san kalpa*)
Imagina que tu intención puede curar a los que no están bien.
(*san kalpa*)
Imagina que tu intención puede llevar alegría y risas a los que sufren.
(*san kalpa*)
Imagina que puedes dar éxito a los que están fracasando.
(*san kalpa*)
Imagina que puedes dar fortaleza a los que se sienten débiles y temerosos.
(*san kalpa*)
Imagina que puedes dar esperanza a los que se sienten desvalidos.
(*san kalpa*)

Imagina que tus pensamientos influyen en las fuerzas naturales del Universo, que puedes provocar lluvia o sol, nubes o arco iris.

(*san kalpa*)

Imagina que cada pensamiento que tienes, cada palabra que pronuncias, cada acción que realizas, tiene como resultado algún beneficio para el mundo.

(*san kalpa*)

6

Quinto principio:
Aprovecha las turbulencias emocionales

Sutra: Moksha
Soy emocionalmente libre

Cuando entendemos que la realidad externa no puede separarse de la realidad interna, que el Universo es en realidad nuestro propio cuerpo extenso, resulta evidente que la energía negativa que está en nuestro interior es destructiva. La turbulencia emocional es uno de los principales obstáculos para el cumplimiento espontáneo de los deseos; sin embargo, es posible transformar la energía negativa en un nivel más elevado de conciencia.

La palabra *moksha* significa libertad. Lo que expresa este sutra cuando resuena en tu interior es: «Soy emocionalmente libre. Mi alma es ajena al melodrama. Estoy libre de resentimiento, aflicción, hostilidad y culpa. Estoy libre de engreimiento y de egoísmo. Estoy libre de autoconmiseración. Puedo reírme de mí. Puedo ver el lado humorístico de la vida». Todas estas afirmaciones están contenidas en la libertad; si no soy emocionalmente libre, ensombrezco y enturbio la experiencia del espíritu con el ego, y mis mejores intenciones no pueden cumplirse.

En última instancia, la libertad emocional produce libertad psicológica y espiritual. En realidad sólo existen dos emociones: el placer y el dolor; o se siente bien o se lastima. La mayoría cree que las dos emociones fundamentales son el amor y el miedo, pero éstas son en realidad formas de responder al placer o al dolor potenciales. Amor significa que queremos acercarnos a algo porque pensamos que nos dará placer; temor significa que queremos alejarnos porque creemos que nos producirá dolor.

Pasamos nuestra vida en la búsqueda del placer y evitando el dolor. Las cosas que producen placer o dolor son diferentes para cada uno. El placer y el dolor surgen de nuestras necesidades. Si tengo antojo de helado de chocolate y tú me das helado de chocolate, interpreto la situación como placentera; si tú tienes alergia al chocolate y alguien te da helado de este sabor, ese obsequio está relacionado con el dolor. Todo se reduce a la percepción y la interpretación. El ego es el que interpreta las cosas como placenteras o dolorosas, el que siente cualquier cruce sin permiso de sus fronteras como doloroso.

La condición óptima y más adecuada es la del equilibrio. Cuando tenemos una turbulencia emocional perturbamos el equilibrio interno natural, lo cual puede obstaculizar nuestra evolución espiritual y hasta desconectarnos de la sincronicidad. Esto no significa que las emociones sean dañinas en sí ni que deban evitarse. Como personas, siempre tendremos emociones; es parte de la condición humana. Sin embargo, las emociones extremas nos desvían del auténtico propósito de nuestras vidas. Siempre habrá sucesos o relaciones que desencadenen emociones intensas; siempre habrá cosas que provoquen gran dolor o ansiedad, lo que debemos evitar es quedarnos atascados en una emoción.

Piensa que la vida es un río con dos orillas: placer en una, dolor en otra. La mejor manera de navegar por ese río es mantenerse en medio, avanzar a la misma distancia de las dos orillas. Si te acercas demasiado a alguna de ellas, pierdes velocidad y corres el riesgo de encallar. Demasiado placer produce adicción; demasiado dolor puede eclipsar tu goce de la vida.

Es importante señalar que el dolor no tiene que ser físico. Puede ser dolor emocional o incluso el recuerdo de un dolor pasado. Aunque nuestro instinto natural nos hace evitar el dolor, debemos manejarlo cuando ocurra. De otra manera, resurgirá más adelante en alguna forma de turbulencia emocional. La forma que tome puede resultarte inesperada, pero resurgirá inevitablemente, tal vez como insomnio, enfermedad, ansiedad o depresión.

Quizás la emoción más destructiva sea la ira. La meta última de la transformación espiritual es la iluminación, el estado perpetuo de conciencia de unidad, la conciencia constante de que tú, yo y el resto del Universo estamos diseñados de la misma tela, tejidos a partir de la inteligencia no circunscrita. La ira nos impulsa a hacer daño a los demás; esto implica ir en la dirección opuesta a la iluminación y a la conciencia de unidad. La ira enturbia cualquier percepción de unidad; la ira se relaciona únicamente con el ego. En vez de impulsarte hacia la sincronicidad y la iluminación, la ira te empuja hacia atrás; te cierra a los mensajes transformadores del Universo.

Por lo tanto, es indispensable controlar esta forma de turbulencia emocional. En realidad, ventilar la ira no sirve de nada; esto simplemente aviva la emoción y le permite crecer. Los sentimientos de ira deben tratarse de manera positiva, tan pronto como sea posible. El objetivo no es avivarla ni enterrarla para tratar de reprimirla. Debemos transformarla —como a cualquier otra emoción negativa— en nuestro interior.

El primer paso para transformar las emociones consiste en asumir la responsabilidad de lo que estamos sintiendo. Para asumir esta responsabilidad debemos reconocer la emoción. ¿Qué estás sintiendo? ¿En qué parte de tu cuerpo la sientes? Una vez que puedas identificarla, obsérvala. Siéntela los más objetivamente que puedas, como si fueras otra persona. La ira es desencadenada por el dolor. Describe el dolor desde este punto de vista objetivo.

Una vez que hayas identificado el dolor puedes empezar a expresarlo, liberarlo y compartirlo. Transforma la experiencia dolorosa en una nueva conciencia. Con el tiempo puedes llegar a celebrar el dolor como otro paso hacia la iluminación espiritual. Al aceptar el dolor de esta manera, la turbulencia emocional desaparecerá y el camino a la sincronicidad volverá a despejarse.

EJERCICIO 8: CÓMO MANEJAR EL DOLOR

Este ejercicio requiere diez minutos de tranquilidad en un lugar donde no seas molestado. Comienza meditando unos momentos. Con los ojos cerrados, recuerda algún suceso o situación del pasado que te haya enojado mucho. Puede ser una discusión, una época en la que tus sentimientos fueron lastimados o algún encuentro fortuito que te haya molestado. Una vez que te hayas ubicado en una situación de esta naturaleza, intenta recordar todos los detalles que puedas. Haz una película mental de lo que ocurrió exactamente.

El primer paso para manejar el dolor de esta situación es identificar con precisión qué estás sintiendo. ¿Qué palabra describe mejor lo que sientes con respecto a este acontecimiento o situación? Busca una palabra que englobe tantos de esos sentimientos como sea posible, tu mejor descripción. Ahora, concéntrate en esa palabra durante unos segundos.

Deja que tu atención se desplace gradualmente de esa palabra a tu cuerpo. ¿Qué sensaciones físicas sientes como resultado de revivir esa emoción? Todas las emociones tienen aspectos mentales y físicos inseparables. Los sentimientos ocurren en la mente y en el cuerpo al mismo tiempo. Percibe las sensaciones que ha originado este suceso en el que estás pensando. ¿Se crisparon automáticamente tus manos? ¿Sientes opresión en el estómago? ¿Te duele? Percibe la experiencia física de la emoción y ubícala en un punto específico de tu cuerpo.

El siguiente paso consiste en expresar el sentimiento. Coloca tu mano en la parte del cuerpo donde sientes que está ubicado y di en voz alta: «Aquí duele». Si el dolor tiene más de un emplazamiento, toca cada parte y repite la frase «aquí duele».

En nuestro interior tenemos el poder para hacer que desaparezca el dolor de cualquier pena. Nuestras reacciones a los acontecimientos externos se localizan en el cuerpo. Creamos emociones que generan dolor físico.

Cuando comprendemos este simple hecho podemos aprender a cambiar nuestra forma de responder a los sucesos externos. Podemos elegir nuestra reacción a los acontecimientos. Si reaccionamos con ira, hostilidad, depresión, ansiedad o alguna otra emoción intensa, nuestros cuerpos siguen esa dirección y generan la secreción de las hormonas, contracciones musculares y otras reacciones físicas afines que producen dolor. Por tanto, debemos tener siempre presente que estos efectos son nuestra responsabilidad porque tenemos la capacidad de modificar nuestras reacciones y hacerlas menos dañinas. Somos capaces de liberarnos del drama y la turbulencia emocional. Medita unos momentos en el concepto de responsabilidad personal en las reacciones emocionales.

Una vez que ubicas y reconoces el dolor, y que has asumido la responsabilidad por su existencia, puedes liberarlo. Sitúa tu atención en la parte del cuerpo donde tienes el dolor. Procura liberar con cada exhalación esa tensión que estás manteniendo. Concéntrate durante medio minuto en liberar la tensión y el dolor con cada respiración. Déjalo ir. Exhálalo.

El siguiente paso es compartir el dolor. Imagina que puedes hablar con la persona involucrada en la situación que has recordado para este ejercicio. ¿Qué le dirías? Mientras lo piensas, recuerda que ella no fue la causa verdadera de tu dolor. Tú tuviste la reacción emocional que se manifestó en dolor físico. Tú has asumido la responsabilidad. Con esto en mente, ¿qué le dirías a esa persona? Lo que decidas decirle será exclusivo de ti y de tu situación. Cualquier cosa que digas para compartir el dolor que sentiste ayudará a eliminar para siempre esa experiencia de tu conciencia. Comparte lo que sentiste, lo que sientes ahora y la manera en que planeas manejar esos sentimientos a futuro.

Puedes practicar este ejercicio siempre que sientas turbulencia emocional en tu vida. Cuando lo hayas terminado, dedica un momento para celebrar que esta experiencia dolorosa te ha servido para trascender a un nivel más elevado de conciencia. Si lo practicas regularmente, con el tiempo serás capaz de liberarte por completo de la turbulencia y el dolor emocional, y despejarás el camino para experimentar la sincronicidad.

Ejercicio 9: Comunicación no violenta

Siempre habrá situaciones y circunstancias en las que alguien cruce alguna frontera personal, y haga estallar respuestas emocionales intensas. Este ejercicio se basa en el excelente libro *Nonviolent Communication*, de Marshall Rosenberg.

La comunicación no violenta consta de cuatro pasos básicos, que incluyen cuatro preguntas que debemos formularnos siempre que estemos asumiendo una actitud defensiva. Cuando alguien te saca de quicio, resulta tentador responder con una provocación similar. Sin embargo, esta respuesta no es la óptima, no es productiva, malgasta energía personal valiosa y genera más turbulencia en el mundo. Para realizar este ejercicio, piensa en una situación reciente en la que algo te molestó o perturbó en alguna forma. Con esa experiencia en mente, contesta estas cuatro preguntas.

Paso 1: Distingue entre observación y evaluación

Define qué pasó realmente en vez de concentrarte en tu interpretación de lo que pasó. Sé lo más objetivo que puedas cuando describas el suceso. Pregúntate: ¿A qué estás respondiendo en realidad? ¿Qué ocurrió realmente? ¿Qué viste y escuchaste?

Por ejemplo, imagina que vas en tu auto pensando en qué necesitas para la cena de esta noche. Tu esposa nota tu silencio y te pregunta: «¿Por qué estás molesto?». Tú contestas: «No estoy molesto por nada, sólo pensabas en la cena». Tu esposa respondió a tu silencio con una evaluación, no con una observación. Siempre que le atribuyes un significado a una acción, estás haciendo una interpretación o evaluación. Trata de identificar en los siguientes pares de oraciones, cuál es la evaluación y cuál la observación.

a) Te vi coqueteando con esa mujer en la fiesta.
b) Te vi hablando con esa mujer por más de una hora en la fiesta.

a) Tu trabajo se ha vuelto más importante para ti que tu familia.
b) Te has ido al trabajo antes del amanecer y has regresado a casa después de las 10 de la noche, todos los días durante las últimas tres semanas.

a) Ya no me amas.
b) Ya no me besas cuando llegas del trabajo.

En los tres pares de oraciones, la primera es la interpretación o evaluación.

Siempre que te sorprendas respondiendo con una reacción emocional, detente un momento y trata de discernir entre la interpretación y la observación objetiva del acontecimiento. Las observaciones son poderosas, porque nos permiten reconocer qué tanto de nuestra respuesta se basa en la interpretación. Esto nos permite modificar los patrones de respuesta a los actos de los demás.

PASO 2: DEFINE TUS SENTIMIENTOS

Piensa en los sentimientos que surgieron como resultado de la situación. ¿Qué estás sintiendo? Cuando describas tus sentimientos utiliza un lenguaje que refleje sólo aquellos de los que eres responsable y evita palabras que te conviertan en víctima. Por ejemplo, puedes sentirte satisfecho, enojado, discrepante, ansioso, asustado, valeroso, confiado, dichoso, desconcertado, alegre, libre, eufórico, calmado, sorprendido, jubiloso, impaciente, esperanzado, jovial, optimista, orgulloso, radiante, relajado, sensible, avergonzado, aburrido, confundido, abatido, contrariado, descontento, soso, fatigado, culpable, hostil, furioso, celoso, flojo o solo.

Evita palabras que impliquen que otra persona «te haga sentir» de cierta manera. Por ejemplo, no puedes sentirte «atacado» por ti mismo; esa emoción no surge de ti sino de tu respuesta a las acciones de otro. Otras palabras que debes evitar son: abandonado, abusado, traicionado, estafado, coaccionado, menospreciado, manipulado, malinterpretado, explotado, rechazado, ignorado, desatendido. Cuando usas estas palabras para identificar tus sentimientos, es porque le estás dando a los demás demasiado poder sobre tus emociones. Si es así, tiendes a atraer personas que provocan estos sentimientos y quedas atrapado en un círculo vicioso. Es muy difícil ser feliz si no eres dueño de tus propias emociones.

PASO 3: ESTABLECE CLARAMENTE TUS NECESIDADES

Pregúntate: ¿Qué necesito en esta situación? Si todas tus necesidades estuvieran satisfechas, no estarías experimentando sentimientos intensos. Identifica la necesidad lo más concretamente que puedas. Comienza con tu reacción visceral, y sigue la cadena de deseos hasta que encuentres algunos ejemplos específicos de cosas que puedas pedir. Por ejemplo: «Necesito sentirme amado». ¿Por qué? «Me siento solo y necesito sentirme menos solo». ¿Por qué? «No tengo amigos íntimos; necesito encontrar algunos y desarrollar relaciones». Esta línea de pensamientos te llevará finalmente a algo que puedas pedirle a otra persona. No puedes pedirle que te haga sentir amado —eso está más allá de la capacidad de cualquier persona—, pero sí que te acompañe al cine, a una fiesta o a tomar un café.

PASO 4: PIDE, NO EXIJAS

Cuando hemos identificado una necesidad y estamos listos para formular una petición, en vez de pedir, con frecuencia exigimos. Es menos probable que se cumplan las exigencias porque las personas suelen responder mal a ellas. No obstante, a la mayoría le satisface cumplir una petición.

Por ejemplo, en vez de exigir: «Recoge la ropa en la tintorería», es más probable que obtengas una respuesta positiva si pides: «¿Podrías recoger la ropa en la tintorería, por favor?».

Además, como en el paso 3, lo más conveniente es pedir un comportamiento específico. Mientras más específico seas, más probable será que obtengas respuesta. Por ejemplo, en vez de pedir: «Ámame por siempre», puedes preguntar: «¿Quieres casarte conmigo?». En vez de formular la pregunta general «¿podemos pasar más tiempo juntos?», puedes preguntar: «¿Podemos ir al parque esta tarde?».

Estos pasos son útiles en todas las situaciones, pero especialmente en las conflictivas. Siempre que participes en una situación tensa, permítete separarte de tus emociones del momento y elegir la comunicación consciente. ¿Qué observas? ¿Cómo te hace sentir eso? Determina tu necesidad. Formula una petición. Esto deberá evitar una situación potencialmente inestable y te ayudará a mantener —o a recuperar— la ecuanimidad.

EJERCICIO 10: CÓMO SANAR LA IRA DE LA INFANCIA

Para este ejercicio necesitarás aproximadamente diez minutos sin interrupciones.

Recuerda el día de ayer. Imagina que tu memoria es un videocasete que puedes rebobinar hasta cualquier momento que quieras. Regresa sólo 24 horas. ¿Qué hiciste durante el día? ¿Hubo algo que te asustara o te hiciera enojar? No tiene que ser nada especialmente importante o dramático; tal vez te sentiste impaciente mientras hacías cola o viste actuar a alguien grosera o desconsideradamente. Intenta recordar, por espacio aproximado de un minuto, los sucesos del día con el mayor detalle posible. Concéntrate en un momento de ira; toma conciencia de las sensaciones de tu cuerpo y de la emoción en tu mente.

Ahora regresa esa cinta de video aún más. Remóntate a un año atrás exactamente. Procura recordar qué estabas haciendo el año pasado, en esta fecha o en la más cercana que puedas. ¿En qué pensabas en esa época? ¿Recuerdas haber estado preocupado o enojado por algo? Intenta sentir en tu mente y en tu cuerpo las emociones de ese tiempo. ¿Son iguales a las que recordaste haber sentido ayer?

Rebobina la cinta más, hasta tu adolescencia. Concéntrate de nuevo en una situación que te haya enojado o asustado. Revive mental y físicamente los sentimientos. Observa cómo la ira que experimentaste ayer, está construida sobre las emociones de este tiempo lejano.

Ahora intenta recordar un incidente de tu niñez. ¿Cuál es la primera ocasión en que recuerdas haber estado realmente enojado? Trae esa experiencia a tu conciencia. ¿Dónde estabas cuando sucedió? ¿Quién más estaba ahí? ¿Quién o qué te molestó tanto? Percibe todas las sensaciones generadas por esa ira.

Observa cómo el miedo y la ira se han acumulado a lo largo de los años. Aunque no puedas recordarla, hubo una época en que no conocías la ira ni el miedo, una época de paz y tranquilidad total. Trata de imaginar cómo pudo haber sido esa experiencia de dicha absoluta. Concéntrate en un momento anterior al miedo o la ira. Rebobina esa cinta imaginaria de tu vida hasta que la pantalla quede en blanco, y siente cómo las fronteras que te separan de tu entorno se evaporan. Siente durante un minuto la pérdida total de toda la ira, el temor y el ego acumulados.

Con ese sentimiento de dicha total todavía en tu conciencia, empieza a adelantar esa cinta de video imaginaria. Visita los mismos puntos en los que te detuviste antes, esos momentos de ira o temor de tu niñez, de tu adolescencia, de hace un año, de ayer. Mientras visualizas esas escenas otra vez, introduce en ellas la experiencia de dicha. En vez de permitir que los momentos de ira se acumulen, empieza a borrarlos uno por uno, desde tu primera infancia hasta ayer. Dedica un minuto, aproximado, a sentir cómo la ira y el miedo son borrados por este recuerdo de dicha. Y conforme estos sentimientos se borran, permite que la acumulación tóxica de años de ira y miedo desaparezcan de tu espíritu.

Puedes practicar este ejercicio en cualquier momento, para atacar desde la raíz el problema de la ira. Muchas personas lo encuentran especialmente útil en las noches, justo antes de dormir, para despertar con ese sentimiento de dicha y sin residuos de ira.

Imagina que existes sin forma física, que eres un campo de conciencia que está en todas partes y en todo momento.

(*moksha*)

Imagina que has dejado atrás por siempre toda ira o resentimiento.

(*moksha*)

Imagina que eres libre del deseo de culpar y de la culpabilidad.

(*moksha*)

Imagina que nunca te dejas llevar por el melodrama o la histeria.

(*moksha*)

Imagina que puedes escoger cualquier emoción que quieras experimentar.

(*moksha*)

Imagina que puedes establecer cualquier objetivo que quieras y alcanzarlo.

(*moksha*)

Imagina que eres libre de tus impulsos y patrones de comportamiento habituales.

(*moksha*)

Imagina que estás libre de cualquier adicción.

(*moksha*)

Imagina que nunca participas en habladurías.

(*moksha*)

Imagina que eres libre de responder al nivel más alto, sin importar cuál sea la situación ni cómo se comporten los demás.

(*moksha*)

Imagina que no existen límites para lo que puedes manifestar.

(*moksha*)

Imagina que puedes ver las posibilidades infinitas en todo momento.

(*moksha*)

7

Sexto principio:
Celebra la danza del cosmos

Sutra: Shiva-Shakti
Doy a luz a los dioses y diosas que están en mi interior;
ellos expresan todos sus atributos y poderes a través de mí

El sexto principio nos exhorta a vivir la vida con plenitud, a través del aprovechamiento de los aspectos masculino y femenino de nuestro ser.

Una manera de sacar provecho de ambos aspectos de nuestro ser, consiste en apelar a arquetipos tanto masculinos como femeninos. Según Carl Jung, los arquetipos son recuerdos heredados que están representados en la mente como símbolos universales y que pueden observarse en los sueños y los mitos. Son estados de conciencia. Los arquetipos son concentraciones universales de energía psíquica.

Los arquetipos existen como potencial y yacen latentes en tu conciencia. Todos tenemos por lo menos un arquetipo, el cual permanece latente hasta que es liberado por alguna situación del entorno o de la vida mental, consciente o inconsciente de una persona. Una vez liberado, el arquetipo manifiesta sus poderes y atributos a través de ella. Lo que haces con tu vida es normalmente un reflejo de la combinación de tus arquetipos. Por ejemplo, una persona que ostenta un poder excepcional en el mundo —un rey o un presidente— seguramente tiene a Zeus o a Hera como arquetipos de poder y liderazgo. Pero si esa persona también es excepcionalmente sabia, también puede tener a Atenea como arquetipo de sabiduría.

Es posible liberar conscientemente a tu arquetipo por medio de la intención. Cuando descubres cuáles son tus arquetipos primarios puedes empezar a llamarlos diariamente. Rodea tu cama de símbolos, palabras o representaciones que te recuerden tus arquetipos. Que éstas sean las primeras cosas que veas cuando despiertes por las mañanas. Pídeles orientación y sabiduría, que se vuelvan parte de ti y que trabajen a través de ti. Esto puede ser tan sencillo como decir: «Te pido que te vuelvas parte de mí y que trabajes a través de mí. Guía mi vida».

Si invitas a tus arquetipos siguiendo este método inmediatamente después de tu meditación diaria, empezarás a sentir su presencia más fuerte y directa. Ellos pueden darte acceso a las fortalezas ocultas que están en tu interior.

EJERCICIO 11: ENCONTRAR EL COSMOS INTERIOR

Graba esto en una cinta para que puedas escucharlo mientras realizas el ejercicio. Siéntate o acuéstate cómodamente y con los ojos cerrados. Acalla tu diálogo interno concentrándote en tu respiración. Después de algunos minutos, pon tu atención en el corazón. Visualiza tu corazón como una esfera palpitante de luz. En esta esfera visualiza dos o tres seres divinos o energías arquetípicas. Pueden ser ángeles, dioses o diosas. Ahora visualiza el resto de tu cuerpo también como un cuerpo de luz. Imagina lentamente que este cuerpo de luz y su esfera palpitante de seres divinos se expande hasta ocupar por completo la habitación en la que estás sentado o acostado. Permite que la expansión traspase los confines de la habitación, de manera que ya no estés en ésta sino que ella esté en ti. Continúa el proceso de expansión de tu cuerpo de luz hasta que la ciudad entera en la que vives exista en tu cuerpo: edificios, gente, tráfico y campo. Sigue expandiendo tu sentido del yo hasta incluir en tu ser físico el estado en el que vives, tu país y finalmente el planeta entero. Observa cómo el mundo entero existe en ti: todas las personas, los demás seres sensitivos, árboles y bosques, ríos y montañas, lluvia y luz del sol, tierra y agua. Éstos son distintos componentes de tu ser; son los distintos órganos de tu cuerpo. Ahora di en silencio: «No estoy en el mundo; el mundo está en mí». Si percibes algún desequilibrio en este mundo tuyo, pide a los seres divinos que siguen bailando en la esfera palpitante de tu corazón que los corrijan. Pídeles que cumplan cualquier deseo que tengas y que den armonía, belleza, alivio y júbilo a las distintas partes de tu ser cósmico. Continúa expandiendo tu sentido del yo hasta incluir planetas y lunas, estrellas y galaxias. Ahora di en silencio: «No estoy en el Universo; el Universo está en mí». Empieza a disminuir lentamente el tamaño de tu ser cósmico hasta que puedas sentir otra vez tu cuerpo personal. Imagina que los trillones de células de tu cuerpo personal forman parte de una danza, que cada célula es un universo entero en sí misma. Recuerda que tu ser auténtico habita en todos estos niveles de la creación: del microcosmos al macrocosmos, del átomo al Universo, de tu cuerpo personal a tu cuerpo cósmico. Recuerda que en cada uno de estos niveles de tu existencia están a tu alcance las energías divinas que organizan de manera no circunscrita la danza cósmica para crear la interacción armoniosa de los elementos y las fuerzas que pueden realizar cualquier deseo. Expresa tu agradecimiento a estas energías arquetípicas. Ahora permanece sentado o acostado en silencio percibiendo todas las sensaciones de tu cuerpo. Tal vez tengas cosquilleos o te sientas eufórico. Después de dos o tres minutos abre los ojos. El ejercicio ha concluido.

AFIRMACIONES SUTRA PARA EL SEXTO PRINCIPIO

Imagina que puedes cambiar de forma.
(*Shiva-Shakti*)
Imagina que puedes ser masculino y femenino si lo deseas.
(*Shiva-Shakti*)
Imagina que eres fuerte, decidido, valeroso, expresivo y poderoso.
(*Shiva-Shakti*)
Imagina que eres hermoso, sexual, intuitivo, enriquecedor y afectuoso.
(*Shiva-Shakti*)
Imagina que eres estable como una montaña.
(*Shiva-Shakti*)

Imagina que eres flexible como el viento.

(*Shiva-Shakti*)

Imagina que eres un ángel alado.

(*Shiva-Shakti*)

Imagina que eres un ser iluminado que tiene compasión infinita.

(*Shiva-Shakti*)

Imagina que eres un ser divino de Dios jugando en el reino celestial.

(*Shiva-Shakti*)

Imagina otra vez que puedes cambiar de forma, que puedes convertirte en cualquier animal, ave, insecto, planta o incluso roca.

(*Shiva-Shakti*)

Imagina que todos los seres míticos residen en ti aunque hay algunos que son tus arquetipos favoritos.

(*Shiva-Shakti*)

Imagina que puedes convertirte en los héroes y heroínas que más admiras.

(*Shiva-Shakti*)

8

Séptimo principio:
Cómo tener acceso a la conspiración de improbabilidades

Sutra: Ritam
Estoy atento a las coincidencias; sé que son mensajes
de Dios. Fluyo con la danza cósmica

El séptimo principio incorpora todos los demás aspectos del sincrodestino para proponer un enfoque de la vida, basado en la conciencia pacífica.

Ritam significa que estoy atento a la conspiración de improbabilidades.

Cualquier suceso tiene una probabilidad o posibilidad particular de ocurrir. La probabilidad de ganar la lotería es muy baja; la de ganarla sin haber comprado un billete, es todavía menor.

Nuestros actos potencian la probabilidad de que algo ocurra y muchos están determinados por nuestro condicionamiento kármico; esas interpretaciones de experiencias y relaciones pasadas dan forma y afectan los recuerdos y deseos de nuestra vida. Si hemos sido afortunados en el pasado, aumenta la probabilidad de que compremos un billete de lotería. Sin embargo, una persona que nunca ha ganado nada, puede sentirse derrotada incluso antes de comprar el billete y quizá nunca llegue a comprarlo.

Así pues, para cambiar tu vida, debes liberarte de tu condicionamiento kármico actual. Debes cambiar tu interpretación de lo que ocurre en tu vida. Debes transformarte en la persona para la cual las probabilidades de que ocurran grandes cosas aumenten. Esta transformación comienza en el nivel del alma. El alma le da significado a los sucesos. El alma actúa a través de la influencia que ejerce sobre nuestra mente y para cada acto hay un recuerdo, una interpretación. Significado, experiencia, interpretación, recuerdo, deseo; todos están íntimamente ligados por el ciclo kármico.

Nos acostumbramos a una cierta manera de hacer las cosas y repetimos ese patrón por hábito, simplemente porque es cómodo. Para cambiar tu vida debes encontrar una manera de romper el hábito. Esto no es fácil, pero las personas lo hacen todos los días. El mejor método consiste en estar alerta a las señales de probabilidades nuevas. Estas señales nos llegan en forma de coincidencias.

Las coincidencias son mensajes provenientes del ámbito no circunscrito, invitaciones a romper nuestras cadenas kármicas, a renunciar a lo conocido y a aceptar lo desconocido. Una coincidencia es un salto creativo, cuántico, en el comportamiento del Universo. Como lo conocido es un hábito producto del condicionamiento pasado, la creatividad y la libertad están en lo desconocido, en cualquier cosa que traspase el límite de probabilidades establecido por el karma. Por eso, es importante estar atento a las coincidencias y llevar un registro. Al tomar conciencia de ellas podemos descubrir los significados ocultos que guardan para nuestra vida.

Una coincidencia es, por definición, una experiencia sincrónica. Proviene del ámbito no circunscrito y afecta nuestro mundo de maneras imprevisibles. El hecho mismo de que sea una coincidencia significa que es un mensaje de Dios. Debemos prestarle atención y luego poner manos a la obra; es nuestra oportunidad para proponer una respuesta creativa. El objetivo de la iluminación es ir más allá del patrón de probabilidades y experimentar la libertad auténtica. Por esto es importante no ignorar nunca las coincidencias. No ignores nunca una oportunidad de ver lo que el Universo ha planeado para ti. Si prestas atención a las coincidencias, comprobarás que se multiplican para darte más oportunidades.

Éste es el secreto del sincrodestino. Todas las ideas presentadas aquí son los principios rectores del Universo. Si conduces tu vida con base en ellas, vivirás la vida de tus sueños. La comprensión de que estos principios no son sólo abstracciones sino que intervienen en todo lo que hacemos implica algo más que conciencia; es una especie de celebración. Cuando has dominado el sincrodestino, cuando has aprendido a sincronizar tu vida con el Universo, en realidad estás celebrando la danza cósmica.

EJERCICIO 12: UNIR TODOS LOS CABOS

Ve a un lugar donde haya mucha actividad; un centro comercial, por ejemplo. Compra algo de comer en el área de alimentos. Siéntate en un banco. Cierra los ojos. Con plena conciencia del sabor de la comida, huele su aroma y siente su textura. Mantén los ojos cerrados y presta atención a todos los sonidos del entorno. ¿Qué música oyes? ¿Villancicos navideños? ¿El tema de una película? ¿Puedes escuchar la conversación de las personas que están cerca de ti? ¿Puedes escuchar frases o palabras sueltas? ¿Hay algún sonido que te resulte atractivo o que llame tu atención más que los otros? Ahora ubica tu conciencia en tu cuerpo. Siente todo lo que te rodea. La rigidez o blandura del banco o el sillón. ¿Es de madera, metal o tela? Ahora abre los ojos y observa la escena que te rodea: las personas que caminan, los colores, las tiendas, los artículos de las vitrinas, las galerías de arte. Ahora cierra los ojos y vuelve a percibir en tu imaginación lo que experimentaste: sabores, olores, texturas, colores, los objetos que viste, los sonidos que escuchaste. Ahora, elige un artículo de cada una de las experiencias sensitivas, por ejemplo: helado de fresa, el olor del pan en el horno, villancicos navideños, el tema de la película *Goldfinger* de James Bond, una hermosa pintura de una puesta de sol sobre unas colinas que descienden hasta el océano, un artista callejero pintando este cuadro. Imagina que tocas las rocas escarpadas de la playa con tu mano. Ahora piensa que todos estos sonidos, olores, texturas y sabores son parte de una historia. Pregúntate: «¿Qué historia será ésta?». Pide a tu yo no circunscrito que te la revele. Ahora deja ir todo; confía en que tu yo no circunscrito te dará la respuesta, en la forma de una experiencia sincrónica.

El ejercicio anterior proviene de una experiencia que tuve en un centro comercial durante la época navideña. Un año después estaba en Jamaica y mientras daba un paseo por el campo, vi una escena muy similar a la de la pintura: un hermoso atardecer sobre una colina cerca del mar. Cuando pregunté, me dijeron que ese lugar se llamaba Strawberry Hill y que la película *Goldfinger* de James Bond se había filmado ahí. En Strawberry Hill había un hermoso hotel y decidí visitarlo. Había un lujoso gimnasio. El director de éste estaba encantado de conocerme y me dijo que me había estado buscando durante varias semanas porque quería orientación sobre las terapias ayurvédicas. Terminamos hablando de una colaboración conjunta. Varios años después también conocí al dueño del hotel, un ejecutivo de una compañía de discos. Su esposa me había consultado a causa de una enfermedad y nos hicimos amigos íntimos. Él me dio valiosos consejos cuando produje mi primer CD musical de meditaciones curativas. Muchos años después, nuestras amistades han seguido evolucionando y nos sentimos vinculados en el espíritu del amor. Sabemos que estamos conectados kármicamente.

AFIRMACIONES SUTRA PARA EL SÉPTIMO PRINCIPIO

Imagina que puedes moverte al ritmo de los impulsos de un Universo consciente.
(*ritam*)
Imagina que bailas al ritmo del Universo.
(*ritam*)
Imagina que los ritmos de tu cuerpo están en perfecto orden.
(*ritam*)

Imagina que tu cuerpo es una sinfonía.

(*ritam*)

Imagina que eres la armonía del Universo.

(*ritam*)

Imagina que cada vez que buscas algo, el Universo te da pistas en forma de coincidencias.

(*ritam*)

Imagina que hay una conexión entre lo que ocurre en tus sueños y lo que ocurre en tu vida de vigilia.

(*ritam*)

Imagina que estás evolucionando y te estás transformando en un ser más elevado.

(*ritam*)

Imagina que hay un significado y un propósito en todo lo que ocurre y en todo lo que haces.

(*ritam*)

Imagina que hay una aportación que tienes que hacer al mundo.

(*ritam*)

Imagina que la vida está llena de coincidencias.

(*ritam*)

Imagina que percibes lo que otros tal vez no.

(*ritam*)

Imagina que distingues el significado oculto de los acontecimientos.

(*ritam*)

Imagina que la vida está llena de experiencias intensas.

(*ritam*)

Imagina que tienes talentos únicos que utilizas para servir y ayudar a los demás.

(*ritam*)

Imagina que todas tus relaciones son enriquecedoras y gozosas.

(*ritam*)

Imagina que te deleitas en el juego y el humor.

(*ritam*)

9

Cómo vivir el sincrodestino

Me gustaría volver a la pregunta que formulé al principio del libro: si supieras que los milagros pueden ocurrir, ¿cuáles pedirías?

La mayoría de las personas piensa, primero, en tener dinero suficiente. Poseer un billón de dólares en el banco reduciría, sin duda, nuestra ansiedad económica. Tendemos a pensar que una vez que tengamos esa clase de seguridad seremos libres de elegir la vida que nos hace más felices, que satisface nuestras necesidades interiores, que corrobora nuestra estancia en la Tierra como valiosa. Si supieras que puedes tener todo eso y hacer todo lo que quieras, ¿qué elegirías tener?, ¿qué elegirías hacer?

El sincrodestino te permite que hagas que estos milagros ocurran, sin límites, sin fin. Y lo hace empujándote, suave y progresivamente, del ámbito circunscrito al no circunscrito. Cuando vivimos únicamente en el ámbito circunscrito, estamos empobrecidos. Nuestras cuentas bancarias espirituales están vacías. En el ámbito circunscrito, donde la mayoría residimos todo el tiempo, nunca sabemos qué va a pasar a continuación. ¿Vamos a llegar al final del día, de la semana, del mes? Aquí tus actos llevan la carga de la ansiedad. Tus pensamientos serán enturbiados por la duda y tus intenciones serán obstaculizadas por las preocupaciones del ego.

La utilización del sincrodestino para ponerte en contacto con el ámbito no circunscrito te permite entrar a un reino de creatividad y correlación infinitas. En éste tienes seguridad, estás libre de ansiedad y eres libre de ser la persona que estás destinada a ser. Tienes el equivalente espiritual de un billón de dólares en el banco. En el ámbito no circunscrito, posees una reserva ilimitada de conocimiento, inspiración, creatividad y potencial. Tienes acceso a una reserva infinita de todo lo que el Universo puede ofrecer. Independientemente de lo que ocurra en tu vida, tú estás tranquilo, seguro e infinitamente bendecido.

Los principios del sincrodestino ofrecen una ruta directa hacia el desarrollo de tu conexión con el ámbito no circunscrito. Practica la meditación y revisa las afirmaciones sutra cada día. Con el tiempo te sentirás tan vinculado con el espíritu que los milagros serán no sólo posibles, sino parte natural de tu vida cotidiana.

Al igual que todo viaje que valga la pena, vivir el sincrodestino requerirá algún sacrificio de tu parte. Debes sacrificar tus ideas equivocadas de que el mundo funciona como una maquinaria bien aceitada, pero sin conciencia. Debes sacrificar tu noción de que estás solo en el mundo. Debes sacrificar el mito de que una vida mágica es imposible. Algunas personas viven vidas mágicas todo el tiempo. Han aprendido a restablecer el contacto con la energía ilimitada que yace en la raíz del Universo. Han aprendido a buscar pistas de la intención del ámbito no circunscrito que se manifiestan en las coincidencias, y a inferir significados de ellas para saber qué necesitan hacer para aumentar las probabilidades de que ocurran cosas maravillosas.

SINCRODESTINO Y ESTADOS DE CONCIENCIA

Según los Vedas, existen siete estados de conciencia, pero muchos de ellos no han sido investigados por los científicos médicos modernos. De hecho, la ciencia establecida no reconoce muchos de estos. En India, uno de los más grandes sabios del siglo pasado, Sri Aurobionda, dijo que como estamos en una etapa muy temprana de la evolución humana, la mayoría experimentamos sólo los primeros tres estados de conciencia: sueño, vigilia y onirismo. Con el tiempo reconoceremos y comprenderemos los estados expandidos de conciencia y, cuando lo hagamos, conceptos tales como sincronicidad, telepatía, clarividencia y conocimiento de vidas pasadas serán aceptados por todos.

Cada uno de los siete estados de conciencia representa un incremento en nuestra experiencia de la sincronicidad; cada estado sucesivo nos acerca al ideal de iluminación. Todos experimentan los primeros tres estados básicos, pero por desgracia la mayoría nunca va más allá de ellos.

El primer nivel de conciencia es el sueño profundo. En el sueño profundo tenemos cierta conciencia: respondemos a estímulos como sonido, luz brillante o sensaciones táctiles, pero en general nuestros sentidos están embotados y hay muy poca cognición o percepción.

El segundo estado de conciencia es el onírico. Durante la experiencia onírica estamos un poco más despiertos y un poco más alertas que durante el sueño profundo. Cuando soñamos tenemos experiencias: vemos imágenes, escuchamos sonidos, incluso pensamos. Mientras soñamos, el mundo de nuestros sueños parece real, importante y pertinente. Es sólo cuando despertamos que reconocemos al sueño como una realidad confinada, al momento en el que estábamos soñando y quizá no directamente relevante como nuestra vida de vigilia.

El tercer estado de conciencia es la vigilia. Es en el que estamos casi todo el tiempo. La actividad cerebral mensurable del estado de vigilia es muy diferente a la de los estados de sueño profundo y onirismo.

El cuarto estado de conciencia ocurre cuando logramos echar un vistazo al alma, cuando trascendemos, cuando estamos absolutamente quietos y tranquilos, aunque sea por una fracción de segundo, y tomamos conciencia del observador que está dentro de nosotros. Este estado de conciencia se presenta durante la meditación, cuando percibimos los huecos, esos tranquilos momentos que están entre nuestros pensamientos. Las personas que meditan regularmente tienen esta experiencia cada vez que meditan. Como resultado, su estado del yo se expande.

El cuarto estado de conciencia también produce sus propios efectos fisiológicos. Los niveles de cortisol y adrenalina descienden, el estrés se reduce, la presión sanguínea disminuye y las funciones inmunológicas se agudizan. Los investigadores han demostrado que cuando percibimos el hueco que está entre los pensamientos, la actividad cerebral es muy distinta a la que tenemos cuando simplemente estamos despiertos y alertas. Esto significa que el hecho de atisbar el alma produce cambios fisiológicos en el cerebro y el cuerpo. En este cuarto estado de conciencia, así como podemos echar un vistazo al alma, también podemos ver los inicios de la sincronicidad.

El quinto estado de conciencia recibe el nombre de conciencia cósmica. En este estado tu espíritu puede observar tu cuerpo material. Tu conciencia va más allá de la vigilia de tu cuerpo y del atisbo del alma; tiene conocimiento cabal de tu lugar como parte del espíritu infinito. Aun cuando tu cuerpo está dormido, tu espíritu, el observador silencioso, mira al cuerpo en sueño profundo, casi como una experiencia fuera del cuerpo. Cuando eso ocurre hay una conciencia atenta y observadora, no sólo cuando duermes y sueñas, sino también cuando estás completamente despierto. El espíritu observa y tú eres el espíritu. El observador puede ver el cuerpo que sueña y el sueño, en forma simultánea. La misma experiencia ocurre en la conciencia de la vigilia. Tu cuerpo puede estar jugando un partido de tenis, hablar por teléfono o ver la televisión. Mientras tanto, tu espíritu está observando al cuerpo-mente realizar estas actividades.

Este quinto estado se llama conciencia cósmica porque tu conciencia es circunscrita y no circunscrita al mismo tiempo. En este quinto estado, cuando percibes tu conexión con la inteligencia no circunscrita, es cuando la sincronicidad empieza a manifestarse con toda su fuerza. En este estado, te das cuenta de que una parte de ti está circunscrita y que otra, por ser no circunscrita, está vinculada con todo. Experimentas plenamente tu unidad con todo lo que existe. Tu intuición, tu creatividad y tu conciencia aumentan. Las investigaciones muestran que cuando alguien ha alcanzado un estado de conciencia cósmica tal que tiene esta experiencia de observación, aun cuando esté ocupado en otras actividades, sus ondas cerebrales semejan a las que se producen durante la meditación. Estas personas pueden estar jugando fútbol, pero sus ondas cerebrales son idénticas a las de una persona que está meditando.

El sexto estado de conciencia se llama conciencia divina. En éste, el observador está cada vez más y más alerta. En la conciencia divina no sólo sientes la presencia del espíritu en ti, sino que empiezas a sentir ese espíritu en todos los seres. Ves la presencia del espíritu en las plantas. En última instancia, sientes la presencia del espíritu en las piedras. Reconoces que la fuerza que anima la vida se expresa en todos los objetos del Universo, tanto en el observador como en lo observado, tanto en el espectador como en el escenario. Esta conciencia divina nos permite ver la presencia de Dios en todas las cosas. Las personas que están en un estado de conciencia divina son capaces de comunicarse, incluso, con los animales y las plantas.

Éste no es un estado de conciencia constante para la mayoría. Entramos y salimos de él. Sin embargo, los grandes profetas y videntes, entre ellos Jesucristo, Buda, muchos yoguis y muchos santos, vivieron en la conciencia divina.

El séptimo y último estado de conciencia, el objetivo final, se llama conciencia de unidad. También puede llamársele iluminación. En la conciencia de unidad, el espíritu de quien percibe y el de lo percibido se funden y se convierten en uno. Cuando esto ocurre, vemos el mundo como una extensión de nuestro propio ser. No sólo nos identificamos con nuestra conciencia personal sino que vemos que el mundo entero es una proyección de nuestro ser. Hay una transformación completa del yo personal al yo universal. En este estado, los milagros son comunes pero no son necesarios porque el reino infinito de posibilidades está a nuestro alcance en todo momento. Trascendemos la vida. Trascendemos la muerte. Somos el espíritu que siempre fue y siempre será.

CÓMO DESPLAZARSE ENTRE LOS ESTADOS DE CONCIENCIA

El sincrodestino acelera nuestra capacidad de avanzar por los estados de conciencia con cuatro métodos. El primero y más importante es la meditación diaria. La meditación nos permite atisbar el alma a través de los huecos que hay entre los pensamientos, y descubrir al observador silencioso que está en nuestro interior. Es el paso que nos permite avanzar del tercero al cuarto estado de conciencia, de estar simplemente despiertos, a estar atentos y ser conscientes del alma.

El segundo método consiste en practicar la recapitulación como se describe en el capítulo 5. La recapitulación nos permite cultivar a ese observador silencioso, que puede llevarnos del cuarto al quinto estado de conciencia. La recapitulación nos permite reconocer que lo que era real durante el día es ahora parte del sueño, tal como la realidad de un sueño se desvanece cuando despertamos. El simple hecho de pensar: «Voy a observar mis sueños» te permite experimentar lo que se conoce como «sueño lúcido». Pronto podrás convertirte en coreógrafo y director de tus sueños y modificarlos mientras ocurren. Si recapitulas tu día de vigilia y tus sueños, empezarás a desarrollar esa capacidad de observar durante la vigilia, tanto tus sueños como tus experiencias diurnas.

El tercer método consiste en favorecer las relaciones, en experimentarlas como una conexión entre espíritu y espíritu y no entre un ego y otro. Esto facilita el acceso al sexto estado de conciencia. El abandono de tu necesidad de aprobación y de control acelera este proceso. Cuando las personas están verdaderamente sintonizadas entre sí, experimentan la sincronicidad en su relación.

El cuarto método consiste en leer los sutras. En mi experiencia, si lees la misma oración, el mismo sutra todos los días, éste empezará a adoptar nuevos significados y a engendrar nuevas experiencias conforme tu conciencia se expande. La sabiduría védica sostiene que el conocimiento es distinto en cada estado de conciencia. Conforme tu conciencia se expande, la misma oración empieza a tomar nuevos matices de significado que te permiten una comprensión más profunda. Esa comprensión influye en tu manera de experimentar el mundo y esas experiencias pueden influir en tu estado de conciencia. Con el tiempo y la práctica aprenderás a ver el mundo como nunca creíste posible, lleno de magia y milagros, capaz de satisfacer cada deseo de tu corazón.

Aunque las ideas presentadas en este libro pueden ser el principio de una vida entera de evolución y realización personales, de ti depende si quieres penetrar en la conspiración de improbabilidades y encontrar el tesoro escondido que yace detrás de ella. Puedes iniciar el camino hacia el sincrodestino como una manera de obtener riquezas, para encontrar relaciones más significativas o para alcanzar el éxito en tu carrera. Sin duda, el sincrodestino puede hacer todo esto por ti. Sin embargo, su objetivo último es expandir tu conciencia y abrir una puerta hacia la iluminación. Disfruta el viaje. Cada estado trae nuevas maravillas, nuevas maneras de percibir y de vivir en el mundo. Piensa que el sincrodestino es una especie de renacimiento o de despertar. Así como tus días son drásticamente distintos y más emocionantes que el sueño profundo, los estados quinto, sexto o séptimo de conciencia multiplican aquello que puedes experimentar. A través del sincrodestino podrás convertirte, finalmente, en la persona que el Universo tiene planeada, ser tan poderoso como el deseo, tan creativo como el espíritu. Todo lo que necesitas es entusiasmo para unirte a la danza cósmica y disposición para explorar los milagros del alma.

Una vez que estos milagros empiecen a incrementarse en tu experiencia de vida, empezarás a darte cuenta de que el sincrodestino es sólo el síntoma de un fenómeno más profundo. Este fenómeno es un cambio en tu identidad y una toma de conciencia de quién eres en realidad. Empiezas a entender que tu verdadero yo no es una persona; tu verdadero yo es un campo de inteligencia en el que la persona con la que te has identificado y todas las demás personas y el entorno en el que existen, surgen y evolucionan como resultado de tus interacciones contigo mismo. Ya no interpretas al Universo como la suma total de partículas separadas y distintas, sino como una unidad coherente e indivisible en la que la personalidad con la que te identificas actualmente y sus pensamientos y todas las demás personalidades y sus pensamientos, y todos lo sucesos y relaciones, son interdependientes, patrones entretejidos, un comportamiento único de tu yo no circunscrito. Tú eres el misterio luminoso en el que el Universo entero, con todas sus formas y fenómenos, surge y se hunde. Cuando tomas conciencia de esto hay una transformación completa de tu yo personal a tu yo universal, un conocimiento empírico de la inmortalidad, la pérdida absoluta de todo temor, incluso del temor a la muerte. Te has convertido en un ser que irradia amor del mismo modo que el Sol irradia luz. Finalmente has llegado al lugar donde empezó tu viaje.

Epitafio para
aquel que
ha llegado

No vayas a mi tumba y llores
pues no estoy ahí.
Yo no duermo.
Soy un millar de vientos que soplan,
el brillo de un diamante en la nieve,
la luz del sol sobre el grano maduro,
la suave lluvia de verano.
En el silencio delicado del amanecer
soy un ave rápida en vuelo.
No vayas a mi tumba y llores,
no estoy ahí,
yo no morí.

Indio americano anónimo.

Deepak Chopra narra la vida de una persona absolutamente
fuera de lo común, que empezó siendo heredero de un gran
reino y que decidió abandonar su hogar muy joven para explorar el mundo. Después de consagrarse al rezo y a la meditación,
y de ayudar a los pobres y enfermos, descubrió que su cuerpo y
su mente se habían liberado de las pasiones terrenales y se con-
virtió en Buda, el Iluminado.

«La historia de Buda es irresistible... Chopra captura la esencia
de quienes buscan la espiritualidad.»   *Booklist*

Toda la vida es un libro lleno de secretos que espera ser abierto. En nuestro interior se encuentran los misterios del amor, la salud, la compasión, la fe y el más esquivo de todos: quiénes somos en realidad. Aunque las respuestas están a nuestro alcance, somos un enigma para nosotros mismos, y lo que deberíamos conocer mejor permanece oculto en el fondo de nuestro ser.

Anhelamos un gran avance personal, una revelación que ofrezca un nuevo significado a nuestras vidas. *El libro de los secretos* condensa la sabiduría de uno de los pensadores más importantes de nuestro tiempo y nos permitirá descubrir quiénes somos. Deepak Chopra ofrece 15 revelaciones en las que reside el secreto de la vida.

Sincrodestino de Deepak Chopra
se terminó de imprimir en octubre de 2018
en los talleres de
Litográfica Ingramex, S.A. de C.V.
Centeno 162-1, Col. Granjas Esmeralda, C.P. 09810,
Ciudad de México.